REJOIGNEZ NOTRE COMMUNAUTÉ DE LECTEURS !

Inscrivez-vous à notre newsletter et recevez chaque mois :
- des conseils inédits pour vous sentir bien ;
- des interviews et des vidéos exclusives ;
- des avant-premières, des bonus et des jeux !

Rendez-vous sur la page :
https://tinyurl.com/newsletterleduc

Découvrez aussi notre catalogue complet en ligne sur notre site : **www.editionsleduc.com**

Enfin, retrouvez toute notre actualité sur notre blog et sur les réseaux sociaux.

Conseil éditorial : Sophie Carquain
Avec la collaboration de Fabienne Vaslet
Correction : Audrey Peuportier
Maquette : Sébastienne Ocampo
Illustrations : Mzelle Fraise et Fotolia

29 boulevard Raspail
75007 Paris – France
ISBN : 979-10-285-0997-2

BRIGITTE BLOND

Décoder Bébé
un jeu d'enfant !

ILLUSTRATIONS : MZELLE FRAISE

LEDUC.S PRATIQUE

« Elle était folle d'inquiétude pour la santé des enfants... Sans parler des innombrables conseils en cas de maladie, des avis sur l'éducation, etc., elle lisait quantité d'ouvrages divers sur la façon d'élever les enfants. Voici comment il faut les nourrir ; non, c'est faux, voilà la bonne méthode ; pour les habiller, les faire boire, les baigner, les coucher, les promener, les faire respirer de telle ou telle autre façon, pour tout cela, nous – elle surtout – apprenions chaque semaine de nouveaux règlements. Comme si l'on avait commencé à mettre des enfants au monde depuis la veille seulement. »

La Sonate à Kreutzer, Tolstoï... en 1891 !

AVANT-PROPOS

Pour mes bébés et la plus petite d'entre eux, Victoire !

Faire un bébé est souvent très facile ; la suite des opérations, à trois (père, mère et bébé) dans le meilleur des cas, peut l'être beaucoup moins... Certes, c'est un monde nouveau qui s'ouvre, mais bon... pas si nouveau, puisque depuis la nuit des temps, les femmes sont aussi des mères !

Les choses (une somme de petites choses) se font donc assez naturellement, à condition de ne pas être saturé d'informations parfois contradictoires. De sources non autorisées (grands-mères en tête ! mais aussi copines, voisines, Internet, etc.), même si bien sûr toujours bienveillantes. De sources non informées ou « périmées » qui véhiculent bon nombre d'idées reçues... De pas de source du tout quand la maman est isolée.

Pour chacun de ces plus ou moins minuscules problèmes, de A comme Allergie ou Angiome à Z comme Zizi (toilette et décalottage, oui ou non ?!), en passant par C comme Caca (couleur et fréquence) ou N comme Nombril (soins, hernie), etc. : quels sont le problème, les raisons du problème et sa ou ses solutions ?

Cet ouvrage ne prétend pas être exhaustif ; il existe de gros livres, des dictionnaires plus ou moins médicalisés pour cela ! Il entend juste répondre aux multiples petites questions que pose Bébé au quotidien.

L'idée de ce livre est née de mon expérience de médecin de la crèche de la résidence maternelle de l'Armée du Salut à Paris, où je suis à la fois le médecin et la grand-mère, peut-être un peu plus « sachante » (au fait, j'ai cinq enfants et, à ce jour, une petite-fille !).

A

Allaitement et médicaments

Acné

Appétit

Allergie

Allergènes alimentaires

Antiseptique

Avion

Analyses biologiques

Allergie aux protéines du lait de vache

Atchoum !

A

Acné

Une éruption de petits boutons rouges et/ou blancs qui surgissent sur les joues, le menton, le nez et/ou le front dans les jours qui suivent la naissance ? Probablement une poussée d'acné, la première (avant les prochaines, adolescentes !). Elle est liée à la stimulation des glandes sébacées (qui produisent le sébum, du gras) par les hormones maternelles.

Au fil des toilettes respectueuses du film de surface, sans frotter, les traces de cet excès de sébum s'effaceront rapidement. Pas de produit particulier, hormis une crème à base de sels de zinc (sur avis du médecin en cas de doute) si ces petits boutons persistent.

▶ *Voir aussi* ***Toilette des peaux les plus fragiles***.

Allaitement et médicaments

Le dictionnaire des médicaments, le gros livre rouge des médecins (le fameux Vidal), n'est pas très informatif sur les interactions médicaments-allaitement. La raison ? Il est impossible de faire des études spécifiques qui examinent les conséquences induites par la prise de médicaments sur la composition du lait maternel et sur le nouveau-né. Presque toujours, ces effets sont donc inconnus. C'est ainsi que, par principe de précaution, la plupart des médicaments sont déconseillés en cas d'allaitement... Pourtant, certains peuvent être nécessaires.

Avant d'avaler quoi que ce soit, il faut se poser trois questions. Premièrement, le médicament est-il vraiment indispensable ? Pour ce mal de tête par exemple, peut-être y a-t-il un autre moyen qu'un médicament pour régler le problème. En sachant que, si céphalée il y a, elle peut être liée à une tension trop élevée, un événement qui survient parfois en cours de grossesse et qui doit être pris en charge dans les plus brefs délais. Aussi, on consultera plus facilement qu'en temps normal (hors grossesse) pour un avis autorisé. Deuxièmement, est-ce que celui qui présente le moins de risque a une efficacité équivalente ? Troisièmement, le risque pour le bébé à prendre (indirectement, par sa maman) ce médicament est-il ou non supérieur à l'avantage que lui donne l'allaitement maternel ? Autrement dit, cela vaut-il le coup d'arrêter l'allaitement pour que la maman puisse prendre son médicament sans mettre en danger le bébé...

Pour y voir plus clair, consultez le site du CRAT (Centre de référence sur les agents tératogènes – c'est-à-dire ceux qui créent des malformations), auquel se réfèrent (ou devraient se référer !) les médecins : http://lecrat.fr/spip.php?page=article&id_article=925. On y trouve les médicaments autorisés/conseillés pendant l'allaitement en cas de douleur, d'anxiété, d'allergie, etc.

A

Allergènes alimentaires

Les allergènes sont des protéines que l'organisme considère comme étrangères et auxquelles il réagit en développant une allergie. Dans le peloton de tête des allergies alimentaires, après le lait bien sûr, viennent l'œuf, le blé, le soja et l'arachide (et son fruit, la cacahuète). Le fait de chauffer un aliment permet de dénaturer les morceaux d'allergènes. Ainsi, l'enfant tolère mieux l'aliment (nous parlons ici uniquement des enfants allergiques). Il est donc conseillé de commencer par l'œuf ingrédient d'un gâteau et d'avancer à un rythme de cuisson décroissant, avant de proposer un œuf à la coque ! Il semble que cet apprivoisement de l'aliment par chauffage soit aussi possible pour le lait.

En revanche, pas d'essai de tolérance avec la cacahuète sans surveillance experte (autrement dit, pas d'expérimentation en dehors de l'hôpital ou d'un cadre médical) : quand l'allergie persiste, elle est définitive et de plus en plus risquée et dangereuse.

Allergie

L'allergie traduit une réaction excessive de l'organisme à une substance qui lui est étrangère. Selon que cette substance, l'allergène, lui arrive par le nez ou la bouche (pour les allergènes respiratoires), sur la peau (pour les allergènes dits de contact) ou *via* le système digestif (pour les allergènes alimentaires), les symptômes de l'allergie peuvent être différents. Ce sont souvent des signes cutanés, les fameuses croûtes de lait, premières manifestations de l'eczéma atopique, qui ouvrent ce que les médecins appellent la « marche allergique ».

Pour la vie ?

Vis-à-vis des pneumallergènes (véhiculés par l'air) comme les pollens, les acariens, etc., un enfant allergique le restera. En revanche, les allergies alimentaires (aux protéines du lait de vache, aux œufs) sont transitoires : le tube digestif serait « tolérogène », c'est-à-dire qu'il réaliserait une désensibilisation au fil des ans, à l'inverse de ce qui se produit pour les voies respiratoires, sensibilisantes. Certaines allergies peuvent toutefois s'aggraver en vieillissant, comme l'allergie à l'arachide.

Gare !

Surtout pas de régime « au cas où ». On risque, sinon, des déséquilibres alimentaires, et peut-être même des carences à ce très jeune âge. Les « interdits » sont donc ciblés, en fonction de l'enquête allergologique. En complément, une lecture attentive des étiquettes des préparations industrielles permettra de débusquer l'un des 14 allergènes à étiquetage obligatoire*[1].

1. Pour les mots ou phrases suivis d'un astérisque, nous vous invitons à vous rendre dans les pages annexes pour plus de détails.

A

Allergie aux protéines du lait de vache (APLV)

Des coliques ? Un reflux ? Une constipation ? Une diarrhée ? Un eczéma ? Ou même un gonflement du visage, des plaques rouges ? Une toux sifflante ? Et/ou surtout une courbe de croissance qui n'est plus si harmonieuse ? Autrement dit, le poids et/ou la taille ne progressent plus comme ils le devraient. Ces anomalies plus ou moins discrètes, peu spécifiques en ce qu'elles pourraient être le signe de tout ou n'importe quoi, doivent alerter. Peut-être est-ce la manifestation d'une allergie aux protéines du lait de vache (APLV pour les initiés).

Cette « maladie » volontiers familiale (l'un ou l'autre des parents du bébé peuvent en avoir souffert) survient forcément tôt dans la vie – le lait infantile est la première substance possiblement allergénique rencontrée ! – et guérit au fil des ans.

Pour en faire le diagnostic, un test simple consiste à éviter le lait de vache pendant trois ou quatre semaines, puis à le réintroduire et à observer les symptômes qui apparaissent.

À savoir : l'enfant peut être allergique au lait de vache qui est à la base des préparations infantiles… mais aussi à celui de sa mère qui boit du lait de vache ! La maman est alors invitée à supprimer ces protéines de son alimentation et à les réintroduire très progressivement, pour voir quelles doses sont tolérées par l'enfant.

Une fois l'allergie authentifiée, le lait infantile doit être remplacé par un « hydrolysat poussé de protéines » : les protéines du lait de vache ont été chauffées pour être fragmentées en morceaux qui ne représentent *a priori* plus de menace pour l'organisme : il ne les reconnaît plus alors comme étrangers. Autre solution, largement meilleure au goût, les préparations infantiles à base de protéines de riz et qui contiennent tout ce qui convient à la croissance d'un bébé. Attention, je précise : ce sont des laits infantiles et non des boissons végétales (voir encadré ci-dessous).

À l'âge de la diversification, il faut éplucher les étiquettes, à la recherche de ces protéines de lait (caséine, lactalbumine, etc.). Cela peut durer un certain temps : on essaie de réintroduire le lait périodiquement pour juger de la présence de l'APLV, sous contrôle médical, bien sûr.

Attention !

Les boissons végétales, improprement appelées « lait » (noisette, amande, riz, avoine, soja...) ne sont pas des laits et encore moins des laits infantiles. Ces derniers sont fabriqués sur une base de lait de vache ou de protéines de riz (en pharmacie), et leur composition est strictement réglementée pour apporter ce qu'il faut aux bébés : minéraux, glucides, lipides et protéines en quantité et proportion.

A

Analyses biologiques

Les analyses biologiques* ne sont que des outils. Comme les examens radiologiques, elles font partie des explorations complémentaires auxquelles recourt éventuellement (cela n'a rien d'obligatoire) le médecin pour conforter son diagnostic. Leurs résultats doivent donc être lus avec beaucoup de circonspection et être, de toute façon, interprétés par le pédiatre ou le généraliste qui les a prescrites. C'est en effet, davantage sur l'examen clinique, l'observation de l'enfant et l'interrogatoire des parents que le médecin se fait son opinion et pose son diagnostic. Donc, pas d'interprétation sauvage ni de recherches anxiogènes sur Internet !

Antiseptique

À utiliser avec mo-dé-ra-tion ! Ces produits balayent sans discernement les bons et les mauvais germes sur la peau, ce qui en ralentit la réparation. La peau est, tout comme l'intestin, une surface d'échanges, habitée par un microbiome qui en assure la défense. Mieux vaut donc, pour la préserver, elle et ses défenses naturelles, un lavage à l'eau, tout simplement ; sur les zones souillées (par des selles par exemple), un bon savonnage, puis un rinçage et un séchage (tapotage pour les zones les plus sensibles) soigneux suffiront.

Appétit

Il lâche le sein ou la tétine, le/la repousse avec son petit bout de langue ? C'est qu'il n'a plus faim. Inutile de le forcer ! Il a cette capacité formidable, que nous n'avons plus, d'entendre parfaitement ses signaux de satiété, de savoir s'arrêter quand il n'a plus faim. À l'inverse, il a aussi cette faculté de dire, de crier sa faim. Et rien ne le calme alors… si ce n'est le sein ou le biberon.

▶ *Voir aussi* ***Balance*****,** ***Faim*** *et* ***Poids*****.**

Atchoum !

« À tes souhaits, belle plante ! Merci, fleur charmante ! » Il éternue souvent ? C'est normal ! Des poussières et autres particules viennent titiller en permanence le nez qui filtre l'air inspiré et un éternuement permet de s'en débarrasser. Une sorte de mouchage, sans l'aide de maman ! Quelques microgouttelettes de salive à la clé, projetées à bonne distance… à la différence d'un vrai rhume, où le nez produit en permanence des sécrétions.

▶ *Voir aussi* ***Rhume*****.**

A Avion

Prenez garde, on ne fait pas faire l'avion à un petit bébé, surtout quand sa tête ballotte encore, mal fixée sur le tronc : elle est si lourde ! Le risque ? que ces mouvements mal amortis ne fassent bouger le cerveau à l'intérieur de la boîte crânienne, ce qui peut le « cisailler » par endroits. Ces blessures sont irréversibles, tout comme celles provoquées par un « secouage » pratiqué par énervement lorsque Bébé pleure. Le plus sûr est de le confier à un tiers, le temps de se calmer, soi, pour éviter tout drame.

▶ *Voir aussi* ***Pleurs***.

B

Bronchiolite

Balance

Bain

Bavoir

Biberon

Brossage

Bouillon de légumes

B

Bain

Point trop long (quelques minutes), point trop chaud (33-34 °C), pour ne pas mettre à mal la couche hydrolipidique encore mincelette à la surface de la peau. Laver à la main (pas au gant), sécher sans frotter, hydrater et adoucir avec des produits aussi simples que possible dans leur composition*.

▶ *Voir aussi* ***Toilette des peaux les plus fragiles***.

Il a fait pipi !

Un phénomène naturel ! Il était bien au chaud dans sa couche et ses vêtements, il est d'un seul coup tout nu et dans l'eau… qu'il baptise immédiatement. On sort Bébé du bain, on l'enveloppe dans une serviette le temps d'en faire couler un autre, après avoir rincé la baignoire à la douchette. Et on récidive, la vessie de Bébé est alors vide.

Balance

Rarement utile à la maison, sauf si Bébé est arrivé plus vite que prévu. Son poids est alors scruté de façon rapprochée. Sinon, une pesée par semaine suffit au début, puis tous les quinze jours et enfin chaque mois. Sachant qu'il prend en moyenne 25 à 30 g par jour les quatre premiers mois, 15 à 20 g par jour les quatre mois suivants et ensuite 10 à 15 g par jour. À 1 an, il a triplé son poids de naissance ; à 2 ans, il l'a quadruplé !

▶ *Voir aussi* ***Appétit*** *et* ***Poids***.

B comme BAIN

Bavoir

La première solution aux régurgitations... avant un quelconque médicament !

▶ *Voir aussi* ***Régurgitations (reflux)*** *et* ***Rototo****.*

Biberon

Un accessoire indispensable ! S'il n'est pas nourri au sein, Bébé en a besoin pour boire (s'hydrater) et pour manger, c'est-à-dire boire du lait infantile, qu'on lui donnera à température ambiante : le faire chauffer est facultatif. Pour Bébé, tiède ou chaud, c'est pareil. La juste dose ? Celle qui lui convient : à la différence de la plupart des adultes, il entend parfaitement ses signaux de satiété ; autrement dit, il n'ira pas au-delà de sa faim (à l'inverse de sa maman, grrr !). On prépare donc la dose conseillée pour son âge, une dose (mesure rase) pour 30 ml d'eau, sans diluer (sous prétexte que vous le trouvez trop enveloppé) ni concentrer ; une dose de lait en poudre pour 30 ml d'eau, c'est juste ce qui convient. Il peut ne pas tout prendre, ce n'est pas grave. L'important, c'est que son poids croisse régulièrement, doucement, mais sûrement.

Biberon à volonté ?

La stratégie du biberon à la demande est-elle la bonne ? Oui, et tout à fait naturellement, il en réclamera de moins en moins pour s'approcher, vers 4-5 mois des quatre repas « traditionnels », au lever, à midi, au goûter et le soir. À l'inverse, ne le réveillez pas pour manger sauf s'il est né trop maigrelet (le médecin vous l'indiquera), la faim s'en chargera... Comme il sait naturellement arrêter de boire quand il n'a plus faim, il ne s'arrêtera pas de réclamer tant qu'il ne sera pas rassasié.

▶ *Voir aussi* ***Appétit*, *Faim*, *Poids*** *et* ***Stérilisation*.**

Bouillon de légumes

À l'âge de la diversification et des légumes, on peut bien sûr utiliser le bouillon (l'eau dans laquelle ont cuit ces légumes) pour reconstituer un biberon de lait infantile. Mais l'opération n'a pas grand intérêt. Mieux vaut donner les légumes, leurs vitamines et minéraux, à la petite cuillère. De la diversification, de la vraie !

▶ *Voir aussi* ***Diversification*.**

Bronchiolite

À quoi est due la bronchiolite ? À un virus respiratoire syncytial (VRS pour les docteurs) qui provoque un simple rhume chez l'adulte, mais une bronchiolite chez un tout-petit (avant l'âge de 1 an le plus souvent). Extrêmement contagieux, le virus se transmet directement par les gouttelettes de salive et les sécrétions du nez ou de la gorge.

La maladie se déclare après quelques jours d'incubation et reste transmissible pendant quelques jours. Un traitement et un seul : la désinfection du rhinopharynx, avec des lavages de nez réguliers (avant les repas et le coucher). Une opération qui permet aussi de libérer la voie pour le sein, le biberon ou la cuillère.

Les sirops pour la toux sont contre-productifs (ils empêchent l'évacuation des sécrétions), les antibiotiques inopérants (puisque c'est un virus), et la kinésithérapie respiratoire indiquée dans de rares cas, quand l'enfant est à l'évidence très encombré. On appelle le médecin systématiquement quand l'enfant a moins de 3 mois, supporte manifestement mal une grosse fièvre, mange peu, avant de filer éventuellement aux urgences de l'hôpital si la situation respiratoire le justifie...

Un zeste de science

On sait aujourd'hui, depuis les résultats d'une étude française très récente, pourquoi ce sont les plus jeunes bébés qui font les formes les plus sévères de la maladie. Quand il a moins de 1 an, le bébé abrite en effet des lymphocytes B particuliers (des cellules de l'immunité), présents uniquement chez lui, cibles privilégiées du VRS. En les activant, le VRS « exalte » leurs propriétés régulatrices et empêche donc que se déploient l'inflammation et la réponse immunitaire à son encontre... Le virus n'est plus éliminé et l'infection est alors plus sévère, surtout avant l'âge de 3 mois.

▶ *Voir aussi **Fièvre** et **Rhume**.*

Brossage

Elles sont sorties ! Sur ces dents « orphelines » pour commencer, on passe une compresse humide après chaque repas (ou au moins le soir) pour éliminer les sucres… et habituer l'enfant à avoir un objet en bouche (après 2 ans) : la brosse à dents, couronnée de son petit pois de dentifrice. Toujours sous la supervision de l'un des parents (ou d'un aîné s'il est en âge de contrôler), qui vérifiera la qualité du brossage, s'assurera de sa durée et du temps de contact fluor-dent et limitera l'ingestion de dentifrice.

Cassée ?

Il est tombé tête la première sur ses incisives « temporaires » (c'est le cas le plus fréquent). Premier geste, laver la bouche à l'eau fraîche pour identifier plus clairement l'endroit touché et diminuer les effets de la chute (le froid réduit le saignement et l'inflammation). S'agit-il d'une petite fracture de l'émail avec la lèvre qui saigne ? Ou d'une fracture possible au ras de la gencive, la mise à nu du nerf se manifestant par un point rouge sur la surface masticatrice ? La dent est sortie ? Mieux vaut consulter, tranquillement (sans urgence), pour vérifier que le germe de la dent permanente en dessous soit intact. Puis surveiller la vitalité de la dent, l'absence d'infection, etc.

C

Caca (couleur) !

Constipation

Courbes

Chiropractie

Coup de chaleur

Caprice

Conjonctivite

Chaud

Cauchemar

Co-dodo

Coliques

Change

Contagion

Chat

Couche

Changement de lait

Cheveux

Crâne

Chute

Croûtes de lait

Coqueluche

Crâne plat

Chaussures

Crépuscule

Couchage

Croissance

C

Caca (couleur) !

Jaunes, vertes ou marron... la couleur des selles peut déconcerter ! Aux tout premiers jours, elles sont même noires et un peu collantes : on les appelle le « méconium ». Allaité, le bébé fait souvent des cacas bouton d'or, parfois verdâtres, rarement moulés, à chaque tétée au début, puis deux à trois fois par semaine. Au biberon, tout dépend de la part des différents composants du lait maternisé choisi. Elles sont plutôt pâteuses, marron... mais un lait plus acide donne des selles plus vertes. C'est toujours un peu la surprise ! Le résultat est toutefois, en principe, constant pour un même lait, à moins d'événements comme une poussée dentaire. À l'âge de la diversification, les selles passent par toutes les couleurs et les consistances.

Quand Bébé naît, son tube digestif est vierge, libre des bactéries qui le coloniseront plus tard pour constituer la fameuse flore intestinale, qui contient des milliards de bactéries bienfaisantes. En attendant, durant cette phase de construction, pas de fixette sur la couleur donc, ni sur la fréquence des selles.

▶ *Voir* ***Constipation***.

Caprice

Capricieux, un bébé ? Minuscule, sûrement pas ! S'il se fâche, c'est qu'il a de bonnes raisons de l'être, indigné ! Les spécialistes des bébés sont tous d'accord : on ne laisse pas pleurer un nourrisson, parce qu'il ne fait JAMAIS de caprice à cet âge. S'il crie, c'est pour tisser avec ses parents les premiers liens. Il a d'autres besoins que ses besoins biologiques, manger ou être propre, il peut avoir envie qu'on le prenne le temps d'une conversation, il peut avoir un besoin irrépressible de câlin.

Il se réveille la nuit en pleurant (et vous avec !) ? C'est normal, son sommeil est divisé en cycles courts ponctués par des éveils. Le réendormissement est alors plus ou moins automatique... selon le conditionnement choisi par les parents (par exemple, sa petite main qui tortille une mèche de cheveux de la maman pour le premier sommeil). Les rythmes fondamentaux se mettent en place, notamment celui de l'alternance veille-sommeil, en six mois environ.

▶ *Voir aussi* ***Pleurs***.

C

Cauchemar

Cette tempête de la nuit se produit toujours à partir de 2 ans, quand il est mûr pour se fabriquer des images dans sa tête. Le cauchemar survient à la période des rêves, lors des phases de sommeil dit paradoxal (présent à chaque fin de cycle et davantage en seconde partie de nuit), deux heures en tout à cet âge. Le rêve protège le sommeil, mais les angoisses du rêveur débordent parfois, selon la façon dont s'opère le tri des souvenirs et émotions de la journée. Ainsi naît le cauchemar, plutôt bénéfique (s'il est occasionnel), où l'inconscient met en scène ce qui perturbe l'enfant, petits ou gros soucis. Le remède ? Câlin, écoute et surtout pas d'interprétation hâtive !

Change

Pour éviter les rougeurs et les soigner, les dix commandements d'un change bien compris :

1/ Prévoir un change avant ou après le repas et dès que la couche est sale (en clair, souillée par des selles ou un gros pipi).

2/ Se laver soigneusement les mains avant et après chaque change.

3/ La peau de Bébé est naturellement acide (avec un pH autour de 5). L'humidité entretenue par l'occlusion des couches élève ce pH, ce qui permet l'activation des enzymes agressives pour la peau. Utiliser un savon de Marseille par exemple, pourtant naturel, mais dont le pH est alcalin (autour de 10) ne fait qu'amplifier le phénomène.

C comme CAUCHEMAR

4/ Nettoyer ses fesses à l'eau pure si elles sont seulement humides, à l'eau savonneuse (avec un produit nettoyant doux type syndet ou huile lavante) qui respecte la barrière cutanée en cas de selles, puis sécher sans frotter, en tamponnant uniquement, y compris entre les plis.
5/ D'avant en arrière pour les petites filles, et de l'endroit le moins sale vers le plus sale pour tous.
6/ Pour faire barrière à l'humidité sur la peau et aux enzymes des selles, appliquer une pâte à l'eau (qui ne s'enlève pas au racloir !) au prochain change ou un liniment oléo-calcaire (mélange d'huile végétale et d'eau de chaux).
7/ Éviter de mettre un body en cas de rougeur, pour ne pas accentuer le frottement de la couche sur la peau, ni un pantalon serré qui empêche l'humidité de s'évacuer et la peau de sécher.
8/ Laisser, autant que possible, les fesses de Bébé à l'air ou ne pas attacher la couche au moment des siestes.
9/ Oublier le talc qui favorise la macération.
10/ Ne pas hésiter à changer de taille de couche pour que le siège de Bébé soit à l'aise, point trop serré.

Changement de lait

Flûte ! Plus un gramme de lait… et le seul magasin ouvert à cette heure ou ce jour (un dimanche !) a tous les laits, sauf celui auquel il est habitué. Pas de problème, on peut lui donner sans ennui un lait d'une autre marque, adapté à son âge bien sûr (1er ou 2e). Tous les laits sont soumis à une composition réglementaire, pas au gramme près, de tel ou tel nutriment (protéines, fer, etc.), mais dans une fourchette bien précise. Certains fabricants adoptent la

« fourchette » haute des teneurs en protéines autorisées, d'autres ajoutent davantage de fer à leur lait, ou l'enrichissent en une vitamine particulière. Des nuances seulement, qui provoquent parfois un inconfort digestif passager, minime, mais pas plus. Bref, leur composition diffère légèrement, mais reste « dans les clous » de ce qui est réglementairement fixé... Le goût, différent, peut le surprendre aussi, mais comme il est affamé, il ne fait généralement pas le difficile !

Chat

Faut-il sacrifier son chat à l'arrivée du bébé ? Et, s'il n'y avait pas de chat jusqu'à présent dans la maison, peut-on en introduire un alors qu'un bébé occupe déjà le terrain ?

Dans le cadre d'une prévention primaire, c'est-à-dire avant toute manifestation d'allergie et pour éviter qu'elle ne survienne, on ne peut pas vraiment trancher... tout dépend de l'héritage génétique de ce nouveau-né.

Une fois l'allergie survenue, le degré de tolérance à l'égard des allergènes du chat doit être apprécié au cas par cas, à l'usage en quelque sorte. En cas d'allergie déclarée au chat (en fait, à sa salive, déposée sur ses poils), une mise à l'écart est indispensable !

▶ *Voir aussi **Allergie**.*

C

Avant

Au fil des « avancées » de la science allergologique, ce petit félin a fait quelques allers et retours : désirable, puis indésirable, de nouveau désirable. En cas de bébé à la maison, le chat doit être essayé avant d'être adopté.

Chaud

▶ *Voir* ***Coup de chaleur*****.**

Chaussures

Lui en faut-il vraiment ? Pas dès la naissance (même si une taille 17, c'est si mignon !) et pas avant qu'il ait l'occasion de poser les pieds sur le sol. Et encore. Mieux vaut qu'à la période d'apprentissage, il déambule pieds nus à la maison et ainsi sente bien le sol et ait conscience de ses reliefs, grâce aux multiples terminaisons nerveuses logées dans sa voûte plantaire. À l'extérieur, chaussures imposées, avec une tige légèrement montante pour maintenir la cheville. Lacets ou scratch, peu importe. Semelle fine et souple pour épouser les bosses et creux, mais talon fixé (avec un contrefort rigide).

C

Et sur la plage ?

Petite colonne vacillante, mal campé sur ses pieds, il explore, à ses risques et périls. Habituels à cet âge, des pieds qui tournent en dedans ou des jambes qui s'emmêlent parce qu'en X, les genoux se cognant à la marche, ce qui le fait tomber... Sa plante de pied n'est pas encore creusée (il a les pieds grassouillets et plutôt plats, c'est normal). Autre particularité, son revêtement cutané est plus tendre, ce qui oblige à beaucoup d'égards pour le chausser !

L'idéal sur le sable ? Le laisser pieds nus ! Il peut alors palper le sol, ce qui lui permet d'emmagasiner un grand nombre d'informations nécessaires à son équilibre, ultraprécaire au début. Si chaussure il y a, elle doit lui laisser la possibilité d'analyser ses sensations à la marche et de mûrir la zone du cerveau qui contrôle cet édifice par nature instable, en bref elle doit lui aller comme un gant. Et lui maintenir l'articulation du talon avec la cheville, grâce à un solide contrefort, surtout dans les premiers temps. Oui aux tennis, dont l'absence de contrefort est compensé par les lacets. Oui aux sandalettes en cuir ou méduses (en plastique, pas la bête à tentacules !), non aux tongs, au moins jusqu'à 5-6 ans, d'abord parce qu'elles ne lui tiennent pas le talon et ensuite car il doit crisper les orteils pour ne pas les perdre. Avec ce type de sandales, un déséquilibre à la base l'empêche de s'arrimer sérieusement au sol et lui fait prendre des attitudes non conformes à un développement harmonieux.

C

Cheveux

Il n'a pas un cheveu, pas un poil sur le caillou ? Pas d'inquiétude, on n'a jamais vu un enfant chauve ou portant une perruque ! Ses cheveux viendront en leur temps, sans doute plus drus, plus forts. Ce qui n'empêche pas de laver le crâne comme le reste du corps, d'autant que Bébé transpire beaucoup par la tête, en permanence vissée sur l'oreiller. L'occasion de le masser, s'il le faut avec un émollient pour « dissoudre » les croûtes de lait, et de passer sur le cuir chevelu (duveteux plutôt) un léger coup de brosse douce chaque matin pour enlever la poussière.

Le cuir chevelu doit être bien savonné, avec la paume de la main et des mouvements circulaires, sans crainte pour la fontanelle encore ouverte, au moment du bain (à 37 °C). Sur ce crâne de nouveau-né peuvent apparaître des croûtes de lait, des squames blanches et molles : une dermite séborrhéique, qui résulte de l'imprégnation par les hormones de la mère dans les premières semaines de vie. À faire disparaître avec un shampooing spécifique.

Chiropraxie

Précieuse ! En particulier après l'accouchement, pour libérer les blocages : Bébé est en effet ultracomprimé les tout derniers jours de son séjour dans la poche de l'utérus. Il peut alors prendre de mauvaises positions, notamment au niveau de la tête et du cou.

En une ou deux séances, rarement plus, le chiropracteur libère les tensions au niveau de l'occiput (l'os à l'arrière du crâne), de la première vertèbre cervicale (l'atlas) et du muscle sterno-cléido-mastoïdien, qui relie en oblique la mâchoire à la clavicule. Au kiné ensuite de masser les muscles qui enrobent ces structures pour qu'ils reprennent leurs « marques ».

▶ *Voir aussi* ***Ostéopathie***.

Chute

Presque toujours sur la tête (trois fois sur quatre avant l'âge de 1 an), parce que c'est elle qui est la plus lourde, bien plus lourde que ses fesses ! Ce traumatisme crânien est le seul qui puisse inquiéter (davantage que si l'un de ses membres est touché, par exemple). Comme Bébé est très souple, il tombe heureusement sans résistance et se fait rarement mal. Pour se faire une idée de la situation et déterminer la nécessité de consulter en urgence ou non, on évalue les circonstances de la chute… Tomber de la table à langer sur un carrelage est bien sûr plus inquiétant que tomber d'un canapé sur la moquette.

Si, après un petit temps (quelques secondes) où il reste surpris, il se met à pleurer ou à crier, tout devrait bien aller, il suffit de le câliner et de soigner une bosse. Un petit vomissement juste après la chute, de légers maux de tête ne doivent pas inquiéter outre mesure. En revanche, si l'enfant est anormalement pâle, somnolent, mou, on consulte pour être rassuré. Ce que l'on craint, c'est que le trait de fracture éventuel ou le choc produise un hématome et ainsi, une compression des structures du cerveau.

On peut prédire la « légèreté » d'un traumatisme crânien sur cinq ou six critères selon l'âge. Ainsi, avant l'âge de 2 ans, un état de conscience normal, une perte de connaissance de moins de cinq secondes (si elle se produit), un comportement normal, l'absence de fracture sous les doigts, un impact peu violent (chute de moins de 1 mètre par exemple) sont *a priori* rassurants et le scanner est inutile.

Au-delà de 2 ans, on peut dispenser de l'examen un enfant dont l'état de conscience est normal, les maux de tête peu importants, l'impact peu violent, loin de la base du cerveau, qui n'ont pas perdu connaissance ou vomi (à distance, deux à trois heures après l'accident).

Une certitude, le scanner est beaucoup plus « informatif » qu'une simple radiographie du crâne. Il permet de voir l'os, mais encore et surtout une hémorragie intracrânienne.

Dans la quasi-totalité des cas, le médecin conseille de rester simplement vigilant pendant vingt-quatre heures : réveil toutes les trois heures pour vérifier sa « bonne » conscience et qu'il soit en bonne forme. Si Bébé devient somnolent ou s'il vomit à répétition, on appelle le 15 pour rallier rapidement les urgences de l'hôpital.

C comme CO-DODO

Co-dodo

Oui, c'est possible, mais en respectant certaines règles de sécurité, et seulement les premiers mois. Surtout pas dans le grand lit des parents, mais dans un « side-bed », un petit lit à côté, accroché (et solidement fixé !) au lit parental. Une sorte de prolongement qui n'empiète sur l'intimité de personne, pour plus de sécurité. Après 6 mois au maximum, ouste ! Direction sa chambre à lui.

Coliques

Il se tortille le jour et parfois la nuit, crie, pleure, paraît souffrir, refuse le biberon, se calme pendant quelques secondes et c'est reparti… pour un tour de voiture ? Les premières manifestations de cet « intestin irritable », les coliques, se produisent habituellement à la 6ᵉ-7ᵉ semaine. Inconsolable (comme un enfant sur quatre !), il pleure plusieurs heures par jour sans cause apparente selon la définition officielle des médecins, mais pour les parents désarmés, des pleurs répétés et prolongés sont souvent insupportables.

Une fois écartées les raisons de pleurs paroxystiques qui sont de véritables urgences (hernie, invagination intestinale, infection urinaire), on peut supposer à cet âge que les pleurs sont déclenchés par les coliques… jusqu'à preuve du contraire ! À prendre avec philosophie, comme un passage nécessaire, dans la mesure où ces coliques ne sont *a priori* pas douloureuses – les pleurs ne cèdent d'ailleurs pas avec les antalgiques (antidouleurs) quels qu'ils soient –, mais simplement inconfortables.

La faute à quoi ? Pas celle du biberon et de son contenu, même si certains laits infantiles ont été conçus pour provoquer moins de coliques. Une histoire maternelle de migraine multiplie le risque de colique du nouveau-né, ainsi qu'un tabagisme passif.

Inutiles, les explorations complémentaires digestives ! Un bon examen par le médecin suffit à faire la part des choses, d'autant que Bébé prend du poids normalement. À oublier également, les médicaments comme les fameux IPP (inhibiteurs de la pompe à protons), des antiacides, puisque les coliques ne résultent pas d'une inflammation de l'œsophage. Ce ne sont pas des Inhibiteurs des Pleurs Paroxystiques, plaisantent les spécialistes *es*-coliques !

Inutiles encore, les hydrolysats de protéines donnés en désespoir de cause, en tablant sur l'hypothèse qu'il pourrait s'agir d'une allergie aux protéines du lait de vache : l'APLV concerne 2 à 8 % des enfants qui pleurent de façon paroxystique… et 2 à 8 % de tous les nourrissons. Ces laits très particuliers sont indiqués en cas d'atopie, de terrain allergique, uniquement.

Lorsque colique avérée il y a, il semble qu'il y ait une inflammation du côlon (une colite) et la flore intestinale de ces enfants est à l'évidence moins diversifiée, moins riche en lactobacilles (d'une certaine espèce, les *Lactobacillus reuteri*). Cinq gouttes de ces probiotiques (Biogaia de PediAct ou Physionorm Baby de ImmuBio) matin et soir, déposées directement dans la bouche hurlante et donc ouverte, les calment, avant que les coliques disparaissent comme elles sont venues, quelques semaines plus tard.

C

En complément, il s'agit de trouver la bonne position qui soulage son inconfort. On peut bercer le nourrisson, l'emmailloter, masser son ventre tendu ou lui faire faire le tour du pâté de maison en voiture (une recommandation de la Société américaine de pédiatrie !). Autres solutions qui peuvent fonctionner : poser l'enfant sur votre avant-bras, votre paume de main sur son ventre et le bercer doucement. Ou croiser ses petits bras sur sa poitrine et presser très légèrement. Ou, quand il est à plat dos, replier délicatement ses jambes vers le ventre.

Conjonctivite

Il se réveille avec les yeux tout collés ou la larme au coin de son œil n'est plus si transparente ? Il a sans doute attrapé un microbe, probablement une bactérie. Un phénomène assez fréquent en tout début de vie, la circulation dans le canal lacrymal du nouveau-né n'étant pas si fluide. Pas d'inquiétude pour cet œil : mains parfaitement propres, on le lave avec une compresse ou un mouchoir en papier imbibé de sérum physiologique, en balayant les sérosités de l'endroit le moins « sale » à celui qui est à l'évidence infecté, pour limiter les dégâts ; on sèche en tamponnant (avec un autre mouchoir, que l'on jette après usage) et on met une goutte antibiotique (sur prescription médicale bien sûr). Attention, dans chaque œil, même si l'un seulement est infecté, pour éviter la circulation de la bactérie de l'un à l'autre, pour quelques jours (en principe, cinq jours suffisent ; si ce n'est pas le cas, on file chez le spécialiste).

Si les sécrétions sont claires, ce « rhume de l'œil » accompagne presque toujours un rhume de nez, un vrai, et l'on se contente de soigner le nez par une désinfection rhinopharyngée (traduisez des lavages de nez !).

Constipation

On n'est pas obligé d'aller à la selle tous les jours et Bébé, les fesses enveloppées dans sa couche, non plus ! Ainsi, les médecins considèrent qu'on peut parler de constipation pour moins d'une selle par semaine quand un enfant est allaité. Moins d'une selle par jour en cas d'allaitement artificiel. Plus que la fréquence, c'est l'inconfort qui prime et invite à se préoccuper d'un transit ralenti. Des petites crottes de bique, des cris au moment de la sortie, un ventre tendu et même des traces de sang dans les selles (dues à des petites déchirures de la muqueuse, trop étirée) ? Il est constipé.

Si Bébé est au sein, c'est à la maman de bien s'hydrater et de manger comme si… elle était elle-même constipée, et en particulier préférer des fruits et des légumes frais pour leurs fibres.

Au biberon, le médecin peut vous conseiller de remplacer l'eau faiblement minéralisée nécessaire à leur préparation par une eau davantage minéralisée : une eau riche en sulfates de magnésium (voir l'étiquette sur la bouteille) qui accélère naturellement le transit. Il s'agit ici d'une prescription médicale, comme pour un médicament. Habituellement, un biberon sur quatre peut être préparé avec cette eau (Hépar) et ceci, pour une durée bien déterminée. Au risque, sinon, de fatiguer les reins du nourrisson qui filtrent trop de minéraux pour son âge. Autre crainte, celle d'une déshydration, les minéraux devant « confisquer » de l'eau pour être éliminés.

Par ailleurs, certains laits maternisés, antireflux notamment, sont plus constipants. À vous de choisir, par tâtonnements, un lait qui convienne à votre bébé : il doit minimiser les reflux sans ralentir le transit. Quoi qu'il en soit, bébé ou très jeune enfant, mieux vaut ne pas laisser s'installer une constipation. Il garderait la mémoire de la douleur et pourrait durablement se retenir pour ne pas souffrir.

Une certitude, s'il croît en taille et en poids et ne vomit pas, n'ayez aucune inquiétude.

À éviter

Autrefois, pour déclencher le réflexe de poussée, on introduisait un thermomètre (au mercure à l'époque...) ou un suppositoire-lavement à la glycérine dans l'anus du bébé. À éviter absolument, sauf très ponctuellement si l'enfant paraît beaucoup souffrir.

Contagion

La plupart des petites maladies de l'enfance sont contagieuses. Leur transmission est souvent aérienne (par la respiration, les gouttelettes de salive propulsées hors du pharynx), mais aussi par contact direct (les vésicules d'une varicelle). Comme l'enfant est contagieux dès deux jours avant l'éruption, il a eu largement le temps de contaminer ses amis et le personnel de la crèche. Inutile, donc, de l'évincer de son habitat naturel. On prend juste des précautions pour qu'il n'entre pas en contact avec des personnes dont l'immunité est défaillante et avec des femmes enceintes, y compris en toute fin de grossesse.

Faut-il un certificat de non-contagion ?

Fréquenter une crèche à la période aiguë d'une maladie infectieuse (diarrhée, fièvre, toux, etc.) n'est bien sûr pas souhaitable, à la fois pour l'enfant, alors mieux à la maison, et pour le personnel... À son retour, aucun certificat de non-contagion n'est nécessaire (et on n'a pas à vous le demander, voir par exemple http://www.hcsp.fr/explore.cgi/avisrapportsdomaine?clefr=306).

▶ *Voir aussi **Éviction** et **Fièvre**.*

Coqueluche

La maladie n'est pas si rare, en dépit du vaccin, parce que la protection conférée par la vaccination dans l'enfance n'est pas éternelle, au plus une petite dizaine d'années. La bactérie peut donc circuler en toute impunité et chaque année, en France, 300 000 personnes, enfants ou adultes, font une coqueluche.

Ainsi, lorsqu'une toux s'éternise au-delà de huit jours, on peut considérer qu'il s'agit d'une coqueluche une fois sur trois (si, adulte, l'on n'est pas revacciné bien sûr) !

La coqueluche peut être grave chez un tout-petit quand il n'est pas encore protégé par les anticorps du vaccin : il l'est à moitié dès la première injection à 2 mois, à 80 % à la seconde, à 4 mois. Mieux vaut donc prendre ses précautions. Et en particulier, inciter au rappel vaccinal les très proches (y compris les grands-parents et baby-sitters !) et soi-même, pour ne pas transmettre involontairement la maladie. Une fois sur deux, ce sont en effet les parents qui transmettent la coqueluche à leur bébé ; une fois sur quatre, c'est un frère ou une sœur qui n'est plus protégé par la vaccination faite lorsqu'il ou elle était nourrisson.

Si la coqueluche a été attrapée, la période de contagion (au moins trois semaines en l'absence de traitement) est écourtée par les antibiotiques ; le retour à la crèche ou à l'école est alors possible après cinq jours de prise du bon antibiotique.

Vaccin altruiste

Il est vivement conseillé aux adolescents (11-13 ans) et aux futurs jeunes parents, avant la conception, de faire un (second) rappel vaccinal contre la coqueluche et ainsi de protéger leur bébé avant qu'il ne soit lui-même immunisé grâce au vaccin. La maman peut être vaccinée dès la fin de la grossesse, même si elle allaite son bébé.

Couchage

Sur le dos toujours (« dodo sur le dos » pour mieux se souvenir). C'est dans cette position que le risque de mort subite du nourrisson est le plus faible, c'est prouvé. Prouvé encore, le risque moindre que se produise un accident quand le bébé dort seul, sur son lit, dans une gigoteuse (la nuit et pendant les siestes), sur un matelas ferme, sans coussin pour le caler. Pas de co-dodo dans le même lit, donc. Et une pièce point trop chaude (18-20 °C au plus, en hiver). Une maman qui fume (enceinte) est un autre facteur de risque, et bien sûr, un tabagisme passif, quand Bébé respire dans une pièce où des fumeurs ont « sévi », ou *a fortiori* sévissent.

Le risque est plus grand entre 2 et 6 mois, plutôt en hiver, à la saison des infections respiratoires. À cet âge en effet, le contrôle de la respiration et du rythme cardiaque est encore immature, ainsi que les mécanismes d'éveil, ce qui empêche le nourrisson de réagir au mieux dans des situations difficiles pour lui.

▶ *Voir aussi* **Co-dodo**.

C

Avant

Les nourrissons devaient dormir sur le ventre, avec les risques que l'on connaît maintenant… Et les bénéfices de cette consigne de « dodo sur le dos » sont suffisamment étayés par de nombreuses études pour qu'elle ne change plus, c'est promis !

Couche

Le match des couches : tissu ou cellulose ? Les couches en cellulose se mettent et se jettent… Facile, mais pas très « écolofriendly ». Les couches lavables sont en tissu, en coton (éponge ou flanelle pour un maximum d'absorption), en coton bio (encore mieux !), en chanvre, parfois en coton mélangé à du polyester pour un séchage plus rapide. À l'intérieur de la couche et au contact de la peau, pour certaines, une doublure type polaire permet de garder les fesses au sec, mais elle peut être source d'allergies.

Pour fixer ce carré de coton (le plus souvent) plié, une attache Snappi ou la culotte, si elle serre suffisamment. Pour coincer la couche, une culotte de protection, obligatoire si l'on ne veut pas multiplier les bains et les lessives… À rincer à l'eau claire s'il le faut. En polyuréthane, polaire, nylon ou laine (le plus naturel bien sûr), cette culotte se ferme avec du Velcro ou des boutons-pression.

On oublie les culottes à enfiler dont le « désenfilage » est acrobatique sans tout salir autour de soi quand la couche est souillée. Les couches tout-en-un, constituées d'une couche classique à laquelle est cousue la culotte de protection, ne sont pas la

C

panacée non plus. Leur temps de séchage est plus (trop ?) long et l'ensemble (couche + culotte) n'est pas toujours bien ajusté à la taille et aux cuisses. Elles sont toutefois très utiles en déplacement et constituent un bon compromis entre couches lavables et couches jetables.

Coup de chaleur

Si l'on peut mettre facilement un bébé à l'abri du soleil, le protéger de la chaleur est plus compliqué… Or à cet âge, il est particulièrement sensible aux coups de chaud. Il y a plusieurs raisons à cela. Lorsque la température extérieure est élevée, un tout-petit transpire beaucoup pour faire évaporer la chaleur en excès. Or sa marge de manœuvre est plus étroite, et son corps, proportionnellement plus riche en eau que le corps d'un enfant plus grand ou d'un adulte, perd de l'eau plus rapidement. Par ailleurs, le « thermostat » de son corps, situé dans le cerveau, est sans doute encore immature, ce qui le rend plus sensible aux variations de température. Il respire également plus vite, ce qui accélère les pertes d'eau, des pertes « occultes » parce qu'invisibles, mais dont il faut tenir compte. Il souffre donc plus vite d'une éventuelle déshydratation. Rien à voir avec le coup de soleil qui rougit seulement les zones découvertes. En cas de coup de chaleur, c'est le corps tout entier qui souffre.

Prises de risque, les sorties de plein air aux heures de grand soleil (de 11 h à 16 h au moins). Ou alors avec un chapeau, en emportant une bouteille d'eau et un brumisateur, en rasant les murs et en prévoyant des haltes dans des espaces climatisés.

On ne met pas Bébé dans une voiture qui a été laissée en plein soleil, on évite les grands voyages aux heures de forte chaleur, le chapeau devant être gardé même dans la voiture, les joues et le front régulièrement tamponnés avec de l'eau fraîche.

Mesure de protection supplémentaire vis-à-vis de ce vilain coup de chaud, les boissons fraîches, idéalement de l'eau, à proposer à intervalles rapprochés, sans attendre qu'il réclame (il est moins sensible à la sensation de soif que ses parents).

Mai-son !

La journée, fermeture des fenêtres exposées au soleil et vaporisation (d'eau) des voilages. Attention aux chambres orientées plein est, à risque particulier de surchauffe. Ventilation, c'est selon... Utile si la peau transpire ou a été humidifiée (encore plus « rentable » si l'appareil tourne devant une bassine de glaçons), sinon le ventilateur ne brasse que de l'air sec, ce qui majore la déshydratation.

Aux repas, de l'eau « alimentaire » sous toutes ses formes (soupettes, fruits, légumes et yaourts). Qu'ils soient chauds ou froids, cela n'a pas beaucoup d'importance du point de vue de la thermorégulation : le nombre des calories supplémentaires engrangées avec un repas chaud plutôt que froid est négligeable.

Do-do !

Pour la nuit, quand Bébé, pour dormir, doit baisser sa température corporelle (quelle que soit la température extérieure), on prévoit de rafraîchir la pièce en amont : en fermant les volets le matin dès que la température monte, en ventilant avec des glaçons (ventilation que l'on interrompt la nuit !), en facilitant aussi les courants d'air, sans crainte pour la suite des événements… Bébé ne risque pas d'attraper mal lors de ces variations provoquées de température : pour faire un rhume, il faut des virus ! Enfin, dodo en couche, avec un body en coton et à manches courtes, éventuellement couvert d'un drap léger.

Courbes

C'est sur ces courbes que le médecin note scrupuleusement à chaque visite le poids, le périmètre crânien et la taille (plus souvent le poids) pour s'assurer que Bébé croît harmonieusement. Il suit habituellement son petit couloir, situé entre deux rails qui marquent les normes inférieure et supérieure, et parallèlement à ces rails. Il le suit sauf incident de parcours, quand il mange de façon inadéquate, plutôt à l'âge de la diversification, trop riche ou à l'inverse pas assez. Ou si une maladie survient, comme une allergie aux protéines du lait de vache, que l'on identifie sur une cassure de la courbe, mais aussi à d'autres signes.

▶ *Voir **Allergie aux protéines du lait de vache (APLV)**.*

C

Crâne

Les os plats du crâne sont serrés-collés pour former une boîte, ronde ! Entre certaines sutures, toutefois, peut persister un espace, que l'on sent sous les doigts. Le cerveau en dessous n'est bien sûr pas à l'air libre, mais protégé de l'extérieur par une structure membraneuse. L'ossification de cet espace, la fontanelle, se fait progressivement jusqu'à l'âge de 18 mois environ, le temps que le cerveau achève sa croissance. En forme de losange, sur le dessus de la tête, elle est délimitée par les os frontaux et pariétaux. On peut caresser (doucement !) la fontanelle et laver sans crainte le cuir chevelu.

▶ *Voir **Fontanelle**.*

Crâne plat

▶ *Voir **Plagiocéphalie**.*

Crépuscule

Alors qu'il devrait s'endormir, il pleure, paraît inconfortable et furieux dès qu'il est reposé dans son lit, pourtant avec moultes précautions. Les nourrissons pleurent en effet beaucoup à la tombée de la nuit et c'est normal, le temps que leur système nerveux central soit mature et que leur rythme veille-sommeil sur les vingt-quatre heures soit pris. Ainsi, avant l'âge de 3 mois, un bébé s'endort toujours en sommeil agité (paradoxal) et mieux vaut à cette période, et entre 18 h et 22 h, ne pas trop le prendre dans les bras pour l'endormir, au risque de s'y coller un certain temps...

Croissance

En un an, la première année de sa vie, un bébé grandit et grossit comme il ne le fera plus jamais par la suite ! Son poids est multiplié par deux en six mois, par trois en douze mois, puis sa vitesse de croissance se ralentit régulièrement jusqu'à l'âge de 2-3 ans. Sa taille double en douze mois et son périmètre crânien (le tour de sa tête) prend un tiers de centimètre en plus. Dans les trois premières années de sa vie, le poids du cerveau passe de 300 g à 1 kg – il est alors presque à maturité.

C comme CROISSANCE

Croûtes de lait

(« DERMITE SÉBORRHÉIQUE » EN LANGAGE DOCTEUR)

À l'œil, on voit des squames blanches ou jaunes (couleur de lait caillé, d'où leur nom !), épaisses, grasses, qui adhèrent fortement au cuir chevelu, le terrain de jeu favori de levures pas méchantes, mais indésirables. Le crâne en est parfois entièrement recouvert dans les toutes premières semaines de vie : le résultat d'une surproduction de sébum, les glandes sébacées du bébé étant stimulées par les hormones de la maman. Ce sébum en excès « cimente » en plaques les cellules mortes.

Pour enlever ces squames, lavage et massage, deux moments « plaisir » pour la masseuse et le massé ! Le cuir chevelu doit être bien savonné, chaque jour, avec la paume de la main et des mouvements circulaires (c'est sans danger pour la fontanelle), au moment du bain, d'autant qu'un bébé transpire beaucoup, particulièrement de la tête, « fixée » sur son oreiller vingt-quatre heures sur vingt-quatre. Puis, masser sans frotter avec un corps gras, de l'huile d'olive ou un produit spécifique (huile de toilette au calendula de Weleda) qui ramollit les croûtes. Elles sont ensuite plus facilement décrochées (jamais arrachées !) lors du shampooing doux, complété par un brossage avec une brosse à poils doux, toujours.

Mieux vaut passer la main, pour un soin plus costaud et adapté, au médecin de famille si les squames sont décidément incrustées, qu'elles concernent d'autres parties du corps (les plis ou les fesses) ou si l'on craint une surinfection, par un champignon ou une bactérie.

Avant

On les gardait précieusement, persuadé que ces croûtes formaient un chapeau protecteur vis-à-vis de la méningite !

Dents

Dermatite atopique

D

Dialogue

Douleur

Dermite séborrhéique

Diversification

Dernier biberon

Dents

Les premières à pointer le bout de leur émail, entre 6 et 8 mois, sont les deux incisives du bas (pile au milieu de la mâchoire inférieure ou mandibule, donc) ; les suivantes, de 8 à 10 mois, les incisives du haut, au milieu de la mâchoire supérieure (ou maxillaire en langage dentiste).

De part et d'autre de ces incisives en haut, vers 10-14 mois, surgissent les deux autres incisives. Puis les deux dernières incisives du bas. De 12 à 18 mois, les deux premières molaires de lait du bas, qui laissent un espace pour la canine (entre 12 et 24 mois). Puis celles du haut. Les deux canines du bas, les deux canines du haut. Enfin, de 20 à 30 mois, sortent deux molaires de lait, en haut et en bas. En gros, quatre nouvelles dents tous les semestres. En tout, 20 quenottes qui émergent de façon plus ou moins « bruyante ». Dès leur sortie, on s'en occupe !

▶ *Voir* ***Fluor*** *et* ***Poussée dentaire****.*

Dermatite atopique

▶ *Voir* ***Eczéma****.*

D comme DENTS

Dermite séborrhéique

▶ *Voir* ***Croûtes de lait***.

Dernier biberon

Un dernier biberon (après le repas du soir) pour la route des songes ? Sûrement pas ou alors, exclusivement de l'eau. Ni lait, ni jus de fruits qui contiennent des sucres en plus ou moins grande quantité… Bébé risquerait de développer des caries, déjà, sur ses minuscules dents de lait. La bactérie à l'origine des caries adore le sucre !

Dialogue

Gazou-gazou ? Non, surtout pas ! Ce n'est pas avec de faux mots que son vocabulaire s'enrichira et qu'il saura faire des phrases. Le bébé est une personne, avec un cerveau ! Lequel cerveau a besoin de matériaux pour se construire, « alimentaires » certes (acides gras, vitamines, etc.), mais aussi intellectuels.

Diversification

D comme Diversification... ou Difficulté ? Pas d'inquiétude ! Diversifier est en réalité très simple. Le lait, au sein ou au biberon, reste en effet un certain temps l'aliment principal, et de loin. On se jette à l'eau ?

Pour commencer, entre 4 et 6 mois, le matin et le soir, on donne uniquement du lait infantile comme d'habitude. À midi, deux cuillerées à café d'un légume en purée (différent d'un jour à l'autre), complétées par du lait encore ; et, lors du goûter, deux cuillerées à café d'un fruit en compote, complétées par du lait toujours. À proposer avant le biberon toujours, pour qu'il savoure ; après, il serait presque rassasié et risquerait de ne pas accepter la becquée à la cuillère...

Les quantités « solides » étant au début toutes petites, il est pratique, à cette période, de préparer de petites quantités de purée, de les déposer dans un bac à glaçons et de récupérer l'équivalent d'un ou deux glaçons à chaque déjeuner. C'est meilleur et plus économique qu'un pot prêt à l'emploi.

Progressivement, au fil des jours, la part des légumes, viandes, poissons et œufs augmente et celle du lait s'amenuise.

On ne lésine pas sur les graisses (pas n'importe lesquelles !), une source d'énergie importante certes, mais aussi un constituant précieux de la membrane des cellules, cérébrales en particulier. On table donc sur des graisses végétales et le poisson. On y va *piano* en revanche sur les protéines et les sucres dits simples (du sucre pur, sans fibres notamment).

Ce qu'il ne faut pas faire

Donner trop de protéines ! Ainsi, à l'âge de 3 ans, les enfants en France prennent en moyenne quatre fois plus de protéines que les doses conseillées. La presque totalité (95 %) des enfants au-delà de 1 an ont aussi des apports en sel supérieurs aux recommandations européennes. En cause, le recours au lait de vache dès la diversification (deux fois plus protéique que le lait 2e âge) et, à un moindre degré, une consommation trop fréquente de produits laitiers (fromages et petits-suisses – une hérésie nutritionnelle ! –, riches en calcium certes, mais aussi en protéines) et de charcuterie (le jambon). Le lait de vache, le fromage, le jambon ou les biscuits participent à cette charge trop élevée (surcharge) en protéines et en sel.

À l'inverse, à partir de 6 mois (à l'âge du lait 2e âge, puis de croissance, ici pris en quantités insuffisantes), plus de 80 % des enfants ont des apports en lipides (les graisses), et en particulier en acides gras essentiels (linoléique et alpha-linolénique), inférieurs à ce qu'ils devraient être. Ces acides gras, dits essentiels ou indispensables, ne sont pas fabriqués par l'organisme et doivent donc être fournis par l'alimentation.

Même constat pour les apports en fer, cofacteur de croissance et des défenses immunitaires, qui, dès l'âge de 1 an, deviennent inférieurs aux apports conseillés chez 50 % des enfants.

▶ *Voir http://inpes.santepubliquefrance.fr/70000/cp/06/cp060228.asp et les exemples de menus proposés en annexe, p. 220.*

Douleur

Vous pensez qu'il a mal... et vous avez peut-être raison. Ce dont on est sûr aujourd'hui, c'est que le système nerveux de Bébé est, dès la naissance, susceptible de percevoir une sensation douloureuse. Elle peut même être ressentie, pour un même stimulus, comme plus intense en raison de l'immaturité des systèmes qui modulent cette douleur. D'autant que Bébé est bien sûr incapable de comprendre les raisons d'un geste douloureux et la nature éphémère de cette douleur. Attention, une première expérience douloureuse augmente la perception des douleurs suivantes... Aussi une douleur doit-elle être soulagée (et les raisons de cette douleur analysées) aussi rapidement que possible. Soulagée (paracétamol en première intention) ou prévenue lorsque c'est envisageable : ainsi, deux minutes avant une vaccination ou une prise de sang, du glucose à 30 % dans une tétine ou deux minutes de tétée permettent de passer le cap en douceur, grâce aux endorphines alors libérées. Ceci est vrai pour toute effraction cutanée (y compris une ponction lombaire), jusqu'à l'âge de 4 mois. Une crème ou un patch anesthésique (à demander à votre médecin systématiquement avec le vaccin ou la prise de sang) à appliquer au moins une heure avant un geste intrusif enlève la douleur de la piqûre (sur 3 mm de profondeur à une heure, 5 mm à deux heures), la tétée en complément éventuel pour plus d'efficacité. Une fois la peau anesthésiée, une kyrielle de petits moyens non médicamenteux orientent dans le bon sens la relation soigné-soignant : enfant contre sa mère, avec un objet « distracteur », muscle cible en flexion, détendu.

Avant

On ne sait pour quelle obscure raison, on pensait jusque assez récemment que les bébés ne ressentaient pas de douleur. Peut-être parce qu'ils ne pouvaient l'exprimer, hormis par des pleurs, leur unique moyen de transmission des émotions à ce jeune âge…

▶ *Voir aussi* ***Paracétamol*** *et* ***Pleurs****.*

E

Écoulement mamelonnaire

Érythème fessier

Eau

Emmailloter

Eczéma

Épaississant

Écrans

Éponge émotionnelle

Éveil nocturne

Éviction

Éveil diurne

E

Eau

À boire ou pour diluer le lait, l'eau doit être faiblement minéralisée (Évian, Mont Roucous, etc.), c'est-à-dire contenir peu de minéraux (et surtout pas de nitrates ou de sel). Sur les bouteilles, on peut repérer ces eaux au logo « Biberon » ou « Bébé » apposé sur l'étiquette. Une fois ouverte, la bouteille doit être conservée au réfrigérateur. Mieux vaut éviter l'eau du robinet, même filtrée : l'eau est, avec la poudre de lait, l'unique façon de s'alimenter de Bébé. Autant qu'elle soit parfaitement sûre, dénuée de résidus de toutes sortes (même en quantités autorisées).

Écoulement mamelonnaire

Un nouveau-né peut avoir la poitrine légèrement gonflée vers le 12e jour de vie. Cela fait comme une petite noix, souvent plus grosse sur un mamelon que sur l'autre, sous l'effet de la prolactine : l'hormone de la maman qui permet la production de lait. Si l'on titille le mamelon (pour voir s'il en sort du liquide !), on entretient ce « réflexe » de sécrétion hormonale. Pas touche donc, ni massage, ni pression, mais de la patience ; le sein s'aplatira tout naturellement et le téton deviendra plus souple. Pas de brassière trop serrée non plus pendant ces quelques jours ou semaines.

Écrans

On fait quoi pour empêcher qu'il devienne un véritable geek avant l'âge de 2 ans ? On ne lui propose pas d'écran ! À ce très jeune âge, il est censé interagir avec son environnement. Il construit ainsi ses repères dans l'espace (à l'aide de ses cinq sens) et dans le temps. À privilégier, donc, les jeux et les livres, les vrais. N'ayez crainte, il ne prend aucun retard à ne pas fréquenter les écrans, au contraire ! Après 3 ans, si écran il y a, c'est à doses infinitésimales, pour ne pas gâcher les possibilités d'interaction...

Quant à la télé, l'enfant de moins de 5 ans ne sait pas distinguer ce qui est message publicitaire de ce qui ne l'est pas. Avant 3 ans, aucun programme n'est véritablement adapté, émotionnellement toujours trop fort. Son intelligence, sensorielle et motrice, le rend incapable d'apprécier sans toucher, manipuler avec, dans sa caisse à outils, ses cinq sens et dans les trois dimensions. Les images sur écran, qui font appel à une intelligence conceptuelle, lui passent par-dessus la tête, au sens propre comme figuré. Gaffe, jamais de journal télévisé !

C'est prouvé !

Plus les garçons sont devant des écrans à l'âge de 2 ans, et plus leur pourcentage de masse grasse est élevé à 5 ans. Autre observation, moins les petites filles de 2 ans sont dehors à jouer et plus elles sont en surpoids. Sachant que l'activité physique est alors souvent substituée par du temps télévisuel. Et que ce temps télévisuel est inversement associé au temps de sommeil. Un déficit de sommeil qui est aussi lié à un excès de poids. Autant de (mauvaises) raisons de surpoids.

E

Eczéma

Tout petit, c'est d'eczéma atopique (ou de dermatite atopique, c'est la même chose) dont Bébé peut souffrir. Une première manifestation de ce que l'on appelle la « marche allergique » avant que n'apparaissent les rhinites allergiques et parfois un asthme, entre 2 et 4 ans.

La peau est donc le premier révélateur d'allergie. La dermatite atopique touche plus de 20 % des enfants de moins de 3 ans. La plupart des eczémas (38 %) débutent avant l'âge de 3 mois, 26 % entre 3 et 6 mois, la presque totalité avant 2 ans.

La cause ? L'inhalation ou l'ingestion (par la bouche) de particules étrangères, d'autant plus allergisantes que le nourrisson est prédisposé (par son hérédité) à développer des allergies. Ce que l'on voit ? Lors des poussées d'eczéma, des plaques rouges, parfois suintantes, sur une peau très sèche, des démangeaisons, sur le visage et les joues surtout, puis les bras, le cou, les plis, etc. Le sommeil en est d'ailleurs raccourci, de près d'une heure en moyenne.

L'eczéma évolue par poussées, plus fréquentes en hiver, parce que la peau est alors plus sèche, en raison du froid, du vent, du chauffage. Des caractéristiques qui obligent à une « maintenance » minutieuse et fastidieuse de la peau (soins anti-inflammatoires, émollients, etc.). Le clap de fin ? Spontanément, dans l'enfance.

La bonne nouvelle ? C'est que si l'on s'occupe convenablement de la peau de Bébé dès la naissance, avec des émollients, lorsque manifestement elle est « à risque » de développer un eczéma, la probabilité que celui-ci survienne est diminuée de moitié : la « marche allergique » est alors enrayée.

Pour savoir si une peau est « à risque », pas de test sophistiqué, juste l'histoire familiale : la probabilité d'apparition d'une dermatite atopique augmente de 40 à 50 % si l'un des parents a une peau atopique, de 50 à 80 % lorsque c'est le cas chez les deux. En période d'accalmie, entre deux poussées, toilette avec un produit lavant doux, sans parfum et sans savon, puis application d'un baume émollient une à deux fois par jour, pour apaiser et nourrir la peau. Lors des poussées, il peut être utile, sur avis médical, d'appliquer sur un temps très court des dermocorticoïdes adaptés à la peau de l'enfant. L'émollient devant être utilisé pour tout le reste du corps, comme chaque jour.

Emmailloter

Dans les premières semaines de sa vie, quand Bébé cherche ou perd son sommeil, on peut essayer de l'emmailloter. Peut-être parce qu'il retrouve alors les contraintes qu'il a connues dans le ventre de sa maman, il dort plus longtemps et est moins gêné par le bruit à toutes les phases de son sommeil. Il suffit de l'enrouler serré dans son drap jusqu'aux épaules, pour qu'il ne bouge ni bras ni jambes.

E
comme
EMMAILLOTER

Épaississant

Faut-il épaissir le biberon ? On met des céréales dans le biberon du soir les premiers mois de vie (à partir du 5-6e mois) pour caler un bébé affamé qui se réveille (trop) tôt au petit matin. Elles apportent de l'amidon, un sucre lent (en plus de protéines végétales) qui « tient au corps ». On choisit pour commencer des céréales 1er âge sans gluten (pour éviter une sensibilisation au gluten, la fameuse !) et parfaitement digestibles, par ailleurs aussi peu sucrées que possible. Une ou deux cuillerées à café pour 100 ml de lait, dans un seul biberon donc, suffisent. Puis, à partir du 7e mois, on prend des céréales ou des farines avec gluten, 2e âge, matin ou soir, cinq à six cuillerées à café dans un biberon de 180 ml par exemple.

Avant

On calait systématiquement Bébé avec des céréales. Or elles ne sont pas nécessaires, excepté pour certains bébés pour lesquels le besoin de manger durant la nuit perdure. La diversification, aliments et lait maternel ou infantile, permet d'apporter à Bébé ce qu'il faut en protéines, l'excès de sucre contenu dans les céréales, y compris infantiles, en moins.

Éponge émotionnelle

Dès nouveau-né, il reproduit très exactement les grimaces, celles qui se voient et celles qui se voient moins, la tristesse, l'anxiété… la joie ! En résumé, un bébé est une petite « éponge émotionnelle ».

S'il vous voit triste, les larmes aux yeux, la bouche pincée, il s'affole, s'interroge et quand il ne sait pas à quoi s'en tenir, pleure à grands cris… ce qui bien sûr n'améliore pas votre humeur ! Alors, on passe la main pendant deux minutes, le temps de se reposer, d'envisager la suite avec plus de sérénité, voire de consulter.

▶ *Voir aussi* ***Pleurs****.*

Érythème fessier

▶ *Voir* ***Fesses rouges****.*

Éveil diurne

Dans le ventre de sa maman, un bébé est constamment dans le noir. De toute façon, son équipement visuel ne lui permettrait pas de voir. C'est donc la maman qui donne le tempo. Et ce n'est qu'en sortant, à la naissance, qu'il est soumis au rythme jour-nuit des plus grands. Il lui faut bien sûr un certain temps pour se caler sur l'horloge biologique qui conditionne les humains, en gros, sur vingt-quatre heures. C'est d'abord l'attention portée aux « donneurs de temps », heures de lever et de coucher, alternance de jour et de nuit, horaires des repas, etc., qui fait les bons et les mauvais dormeurs. Ainsi, l'heure du lever, facilité par l'ouverture des volets et par les bruits, non assourdis, d'une maison qui s'éveille, doit être régulière, pas trop tardive, vers 8 h, pour que l'enfant ait sommeil le soir à une heure convenable. La seconde sieste non plus ne doit pas être commencée à une heure trop avancée de la journée, au risque de décaler l'endormissement du soir.

▶ *Voir aussi* ***Sieste***.

Éveil nocturne

Grrrrr. En deuxième partie de nuit, entre 2 h et 5 h du matin, le bébé se réveille naturellement toutes les heures, à chaque changement de cycles qui, à cet âge, restent courts. Ces éveils brefs sont parfaitement normaux. L'enfant ouvre un œil, récupère son doudou et se rendort. Enfin, au petit matin, commence une période de sommeil plus profond et stable.

Mais il est parfois incapable de s'endormir ou de se réendormir seul. Parce qu'il a pris l'habitude de s'endormir dans les bras de sa mère, en lui tortillant les cheveux ou en lui caressant l'oreille, il voudra reproduire, au milieu de la nuit, à ses différents éveils, des conditions équivalentes d'endormissement. Il ne sait plus s'endormir sans l'aide de ses parents. C'est pour cela qu'il est si important que l'enfant soit placé réveillé dans son lit, installé avec son doudou à portée de menotte. En revanche, il ne doit pas glisser dans le sommeil à grands renforts de massages, de berceuses ou de biberon. Il exigerait le même rituel d'endormissement à chacun de ses réveils. Cela n'exclut bien évidemment pas la petite histoire et le bisou du coucher avant de le laisser seul sur un dernier « Bonne nuit ! ».

E

Un zeste de science

Seule différence entre les bons et les mauvais dormeurs, attestée par toutes les études, la faculté des premiers à se rendormir seuls à chaque éveil nocturne.

À savoir

Un bébé peut ne pas faire la différence entre le jour et la nuit. Ce trouble de l'installation du rythme jour/nuit sur les vingt-quatre heures est souvent facilité par un lever tardif, décidé en raison de la fréquence des éveils nocturnes. Ce sommeil rattrapé produit un décalage des siestes, puis du sommeil de la nuit. Des siestes trop fréquentes, même brèves ou trop longues, par crainte de réveiller un bébé qui dort (« S'il dort, c'est qu'il en a besoin ») perturbent également la qualité du sommeil nocturne.

Éviction

Certaines maladies obligent à une éviction de la crèche, pour un temps variable… selon le microbe. Les virus ou les bactéries disparaissent en effet plus ou moins rapidement de son corps. Ainsi, le retour est autorisé cinq jours après le début des antibiotiques pour la coqueluche ; cinq jours après le début de l'éruption pour une rougeole (s'il n'a pas été vacciné), deux jours après le début des antibiotiques pour une scarlatine. Cela dit, à la phase aiguë d'une maladie infectieuse (fièvre, vomissements, diarrhée, etc.), il est mieux à la maison. À son retour, on raconte ce qui s'est passé, mais aucun certificat médical de non-contagion ne doit être fourni.

▶ *Voir aussi* ***Contagion*** *et* ***Fièvre****.*

F

Filtre solaire

Fontanelle

Faim

Frein

Fièvre

Fluor

Fesses rouges

Fraise

F

Faim

Il repousse de la langue la tétine ou la cuillère, détourne la tête de cette magnifique purée de carotte bio que vous lui avez concoctée avec amour et qu'il a pourtant bien entamée ? Ce n'est pas un caprice, il n'a décidément plus faim.

Il a cette grande chance (que nous, adultes, avons perdue) d'entendre ses signaux de satiété. Autrement dit, quand il n'a plus faim, il arrête de manger, quel que soit l'aliment présenté. Au moins jusqu'à 2-3 ans et l'âge des préférences alimentaires.

Avant

On lui faisait finir son assiette et on forçait le mouvement... au risque que le bébé, faisant l'impasse sur ses signaux de satiété, prenne durablement trop de poids.

▶ *Voir aussi* ***Appétit**, **Balance*** *et* ***Poids***.

Fesses rouges

(« ÉRYTHÈME FESSIER » EN LANGAGE DOCTEUR)

Et même rouge vif ! Une éruption qui est sortie à la vitesse de l'éclair, d'un change à l'autre. De quel phénomène ces fesses rouges sont-elles le signe ? D'événements qui se produisent beaucoup plus haut sur la gencive ! En clair, l'annonce de la sortie d'une dent, probablement en raison de modifications de l'acidité de la salive. Ce que l'on voit ? Une dermatite, c'est-à-dire une irritation de la peau des plis, cuisses et fesses, qui est alors rouge, sèche, avec des petits boutons. Elle dessine un W parce qu'elle touche les convexités (les parties bombées) de ces plis. Elle surgit parfois en quelques minutes, particulièrement à l'âge des premières dents, vers 5-6 mois, et peut disparaître tout aussi soudainement. Une couche souillée laissée en place un peu trop longtemps ou un épisode de diarrhées précipitent les choses.

Un passage presque obligé, donc, et un non-événement ! Y compris chez le nourrisson en bonne santé, en raison d'un cocktail explosif pour ses petites fesses : la peau est occluse, enfermée sous un tissu humide, à un pH inadapté (moins acide que le pH naturel), au contact d'enzymes présentes dans les selles, avec des frictions de la peau très fine et perméable par des produits lavants trop alcalins.

La parade ? Changer régulièrement le nouveau-né avant chaque repas s'il n'est plus propre et après une selle, avec de l'eau si la couche est humide seulement, une huile lavante sinon, en séchant après avoir rincé, sans frotter, au sèche-cheveux à faible chaleur éventuellement.

En prévention ou en soin, une toilette avec une eau nettoyante aux agents tensio-actifs doux qui respectent le pH plutôt acide de la peau de Bébé ou un liniment (association d'eau de chaux et d'une huile végétale, par exemple le liniment oléo-calcaire de Gilbert ou dermo-protecteur de Mustela). Pour réparer et protéger, on applique ensuite le liniment ou une pâte à l'eau, non occlusive, qui empêche le contact trop rapproché de la peau avec la couche humide. Enfin, sur des fesses rouges et à l'évidence douloureuses, on vaporise sur la peau après le

F

change un pschitt d'un actif cicatrisant associé à des huiles végétales (Eryteal de Klorane, par exemple).

Gare, des fesses rouges et irritées peuvent faciliter la colonisation de la peau par une bactérie ou un champignon, avec une éclosion de petites vésicules ou des papules, un suintement. Cette dermite « opportuniste » se résout le plus souvent avec des soins tels qu'indiqués ci-dessus (toilette douce, liniment, pâte à l'eau) ou de l'huile d'amande douce, en laissant idéalement le plus possible les fesses à l'air et en oubliant les lingettes. Le médecin peut conseiller une crème antimycosique, à appliquer pendant quinze jours environ.

Zone à risque !

Jusqu'à l'âge de 1 ou 2 ans, la peau d'un nourisson, très fine, est aussi moins grasse, donc délicate et réactive, ceci indépendamment des facteurs irritants en contact continu avec la peau... Cerise sur ce gâteau explosif, le siège est soumis à des frottements mécaniques dès que la station assise est tentée, puis acquise, vers 4-6 mois.

Avant

Les bébés avaient les fesses rouges... d'éosine, un colorant antiseptique que l'on appliquait sur des fesses rouges pour éviter une éventuelle surinfection par une bactérie. On ne savait plus très bien, du coup, si le problème à l'origine de ces fesses rouges était toujours résolu puisqu'elles le restaient, rouges, quoi qu'il advienne ! Et sans aucun bénéfice sur la peau !

Fièvre

C'est avec la fièvre que Bébé combat une invasion virale, par exemple. L'élévation de la température témoigne d'une effervescence des cellules de l'immunité, de la mise en route des mécanismes de défense. Les médecins parlent de fièvre à partir de 38 °C. Au-delà de 38,5 °C, elle peut être mal tolérée : Bébé est grognon ou à l'inverse très abattu, agité ou ramolli. Mais ces symptômes liés à la fièvre ne sont pas proportionnels à la hauteur de la fièvre. Autrement dit, Bébé peut se sentir très inconfortable pour une fièvre modérément élevée ou, au contraire, supporter très bien une fièvre « au plafond ». On traite donc davantage l'inconfort, la douleur (et ses raisons !) que la fièvre elle-même. D'autant que les antipyrétiques (c'est-à-dire les antifièvre), uniquement à base de paracétamol pour les tout-petits, n'ont pas d'effet préventif sur d'éventuelles convulsions fébriles : les enfants susceptibles d'en faire en feront de toute façon, avec ou sans antipyrétiques.

Voici quelques petits moyens pour donner un peu plus de confort à Bébé : le découvrir, poser un gant frais sur sa petite tête en surchauffe, lui proposer fréquemment à boire, etc. Quoi qu'il en soit, s'il ne supporte visiblement pas bien cette fièvre ou si elle est toujours présente après quarante-huit heures, on consulte rapidement.

Et s'il faisait des convulsions ?

Dans la très grande majorité des cas, cela n'a aucune importance. Elles sont simplement le témoin d'une élévation brutale de la température, à l'occasion d'une infection de la sphère ORL habituellement, surtout entre 1 et 2 ans. Ce n'est pas tant la hauteur de la température qui compte que la vitesse à laquelle

elle est montée… Le cerveau, futé, anticipe le danger de cette forte température et « disjoncte » pour se protéger, les spasmes limitant la hausse de température.

Pas d'affolement, devant un regard fixe, révulsé ou des spasmes, on prend quelques précautions simples : l'enfant est allongé sur le côté, tête très en arrière, dans un endroit libre d'objets qui pourraient le blesser en cas de mouvements incontrôlés. Cet épisode, forcément impressionnant, dure une poignée de minutes (qui semblent très longues aux parents !) et la récupération, une dizaine de minutes. Aucun traitement n'est nécessaire (les anticonvulsivants autrefois largement prescrits se sont révélés inutiles) sauf bien sûr pour traiter les raisons de cette grosse fièvre si nécessaire.

Avant

En cas de forte fièvre, on mettait Bébé dans un bain à 1 ou 2 °C en dessous de sa température. Or on s'est rendu compte que la manœuvre lui est désagréable et comme l'objectif visé est ici le confort (davantage que la baisse de la fièvre), on zappe désormais l'idée d'un bain frais ou d'enveloppements frais.

L'ordonnance antifièvre

- Paracétamol, 60 mg/kg/jour à répartir en quatre à six prises.
- Ibuprofène, 20 à 30 mg/kg/jour en quatre prises (à partir de 3 mois) ou kétoprofène à partir de 6 mois, 0,5 mg/kg/prise sans dépasser 2 mg/kg/jour, en trois ou quatre prises. Certes, les anti-inflammatoires (ibu et kétoprofène) provoquent davantage d'effets indésirables que le paracétamol (statistiquement, à l'échelle d'une population), mais ils sont irremplaçables sur

certaines douleurs ORL, otites moyennes aiguës et angines notamment, où l'objectif de traitement prioritaire n'est, répétons-le, pas la fièvre en elle-même. L'anti-inflammatoire peut être proposé seul ou en association avec le paracétamol.

Filtre solaire

Il est censé ne pas en avoir besoin ou si peu, protégé par son chapeau (couvrant la nuque et le visage), son T-shirt, etc. D'autant qu'il ne sort qu'aux heures les moins chaudes de la journée, avant 11 h, après 16 h. Et si filtres solaires il doit y avoir, ce sont des filtres minéraux, qui font écran et ne pénètrent donc pas la peau. À appliquer et réappliquer, généreusement.

▶ *Voir aussi* ***Coup de chaleur***.

Fluor

On s'en préoccupe désormais à partir de l'âge de 6 mois, lorsqu'apparaissent les premières dents, pour empêcher les caries. Une carie de dent de lait doit être prévenue et soignée comme pour une dent définitive. Le risque, sinon ? De vives douleurs à la mastication et/ou loin des repas, des aliments choisis, plutôt mous, pour ne pas réveiller la carie (au détriment de l'équilibre alimentaire), des désordres esthétiques et fonctionnels. Par ailleurs, si l'infection se limite le plus souvent à une dent, elle peut atteindre les tissus voisins, voire des organes à distance, comme le cœur, le rein ou les articulations. Enfin, toute carie qui met en péril la dent perturbe la croissance des arcades dentaires.

Tous les enfants ne font pas des caries, soit parce qu'ils sont protégés par des gènes familiaux « bienveillants », soit parce que leurs parents ont pris des précautions. Ainsi, on sait que la carie naît de la contamination par un germe, un « streptocoque mutant », que la mère peut transmettre à son enfant par la salive, et ceci plus volontiers lors d'une « fenêtre d'infection », entre le 19e et le 33e mois de l'enfant.

C'est donc tout petit, dès l'âge de 1 an, qu'il faut emmener l'enfant chez un dentiste. Il s'agit d'évaluer avec lui d'une part le risque de carie et d'autre part, les apports naturels en fluor (celui-ci rend la dent moins vulnérable en renforçant la solidité de l'émail).

Avant ce premier examen, si la maman a ou a eu beaucoup de caries par le passé et, par conséquent, abrite probablement encore le streptocoque cariogène, elle doit elle-même faire soigner ses dents si besoin, utiliser des bains de bouche à base de chlorhexidine (un désinfectant) pour diminuer le nombre de bactéries présentes dans sa bouche. Enfin, ne pas sucer la cuillère du bébé, ne pas le laisser jouer à mettre ses doigts dans la bouche (celle de la maman) et ne pas l'embrasser sur les lèvres sans s'être brossé les dents.

Après la maman, le bébé : pour prévenir la multiplication du germe, un nettoyage des dents au moins une fois par jour (idéalement après le petit déjeuner et avant le coucher) à l'aide d'une brosse spéciale pour bébé ou d'une compresse, la dent étant soumise au risque de carie dès sa sortie.

À proscrire, le biberon au lit le soir, qu'il soit rempli d'une boisson sucrée ou de lait (qui contient aussi des sucres cariogènes). Ainsi que le grignotage sucré pour les plus grands.

Faire ses comptes (de fluor)

Reste à chiffrer, avec le dentiste toujours, les différents apports de fluor (trop de fluor nuit aussi, en tachant l'émail des dents).

À l'étape des biberons, l'eau de boisson peut être naturellement fluorée (Volvic, Chantereine, etc.). Pour l'eau du robinet, sa composition est vérifiable en mairie. Le sel de table peut également être enrichi en fluor. Plus tard, l'enfant qui se brosse les dents avec un dentifrice fluoré en avale la moitié, ce qui lui suffit largement pour nettoyer et protéger les dents en bouche. Le fluor « médicament » n'est finalement indiqué que pour les enfants à haut risque carieux, quand ils n'ont pas d'autre source de fluor.

Avant

Depuis les années 1980, on donnait systématiquement du fluor (en comprimé ou en gouttes) avec les gouttes de vitamine D pendant la période de formation de la dent de lait, sa minéralisation. On sait aujourd'hui que le fluor est plus efficace quand il est déposé sur les dents, sous forme de dentifrice donc.

F

Fontanelle

C'est cet espace en forme de losange que l'on voit sur le haut du crâne. Une zone molle située à la croisée de plusieurs os plats qui font la « boîte crânienne ». Un espace intrigant où l'on voit battre les vaisseaux, surtout quand le bébé s'époumone... Pas d'inquiétude, cette zone peut être baignée, caressée et se fermera vers l'âge de 18 mois, à la faveur de l'ossification des sutures (à l'intersection des os du crâne).

▶ *Voir* ***Crâne***.

Fraise

(« HÉMANGIOME » EN LANGAGE DOCTEUR)

Une sorte de petite fraise sur son thorax ou sur le visage ? Il s'agit d'un « angiome tubéreux » ou hémangiome, une « tumeur » vasculaire (qui se traduit par une prolifération des cellules de la paroi des vaisseaux). Elle se développe avant l'âge de 1 an et dans la plupart des cas (neuf fois sur dix), se résorbe spontanément, plus ou moins complètement. Une petite fraction d'entre eux, en raison de leur localisation ou de leur étendue, susceptibles de laisser des séquelles physiques ou psychologiques, nécessite un traitement.

Un « vieux » médicament utilisé en cardiologie s'est révélé tout à fait par hasard efficace, très rapidement (en quelques jours !), sur des hémangiomes importants, pour des enfants de 5 mois à 5 ans. Une forme adaptée à l'enfant est désormais disponible, prescrite par un médecin expert à l'hôpital (pédiatre et/ou dermatologue). Ses effets indésirables, bien connus en raison de l'ancienneté de la molécule, sont parfaitement gérables.

Quant aux angiomes plans, sans relief, situés plus volontiers sur le visage ou le cou, d'abord assez rouges, ils pâlissent sans toutefois s'effacer complètement. Quand ils restent disgracieux, ils peuvent être atténués grâce au laser dès quelques mois de vie.

Avant

On appelait ces taches des « envies ». Parce qu'elles étaient censées être le reflet des envies de la maman pendant la grossesse, de vin (rouge !) pour les angiomes plans, aussi appelés taches de vin.

Frein

Ce petit bout de chair qui relie la langue au plancher de la bouche (sous la langue), s'il est trop court, peut freiner la succion au sein. Mais si, même court, la succion au sein n'est pas gênée, il n'y a aucune raison d'intervenir (sous anesthésie générale habituellement) pour le couper.

Au biberon, le problème se pose moins puisque les efforts de succion sont moins intenses et une parfaite agilité de la langue n'est pas nécessaire pour que la succion soit efficace. Il sera toujours temps d'intervenir plus tard si, décidément, ce frein court est un obstacle (au bisou avec la langue notamment ☺).

G

Gluten

Genu varum

Grains de milium

Grippe

Gastro

G

Gastro

Il vomit tout ce qu'il avale (et au-delà !), remplit ses couches d'une diarrhée liquide qui se manifeste à plusieurs reprises dans la journée, sans forcément beaucoup de fièvre. Et ces symptômes surgissent brutalement, à l'image d'un minuscule tsunami.

Nausées et/ou diarrhée, c'est une gastro (le petit nom de la gastro-entérite, qui signifie inflammation de l'estomac et, plus bas, de l'intestin). À l'origine de cette maladie très fréquente et contagieuse (par les mains sales), un virus le plus souvent, qui sévit par vagues épidémiques, plus volontiers à l'automne. Il s'évanouit après quarante-huit à soixante-douze heures au plus en général, balayé par les défenses immunitaires de Bébé.

Un seul risque, mais de taille, la déshydratation, qui peut se produire en quelques heures tant l'eau occupe une place importante dans le corps du tout-petit : il a moins de réserves qu'un plus grand.

La parade ? Le réhydrater, dès le début des hostilités, avec du jus de pomme (du vrai, goûteux, c'est prouvé !) ou des sachets de réhydratation orale (SRO), disponibles en pharmacie sans ou sur ordonnance (ils sont alors remboursés). On lui donne par petites gorgées, fraîches, au début plusieurs fois par heure, selon sa soif. À stocker précieusement à la maison au cas où.

Enfin, si malgré les SRO, Bébé paraît déshydraté (s'il a perdu plus de 5 % de son poids, s'il est pâlichon, plus somnolent ou à l'inverse plus agité, les lèvres un peu sèches, et particulièrement en cas de grosse fièvre, de refus de boire ou si la couche reste sèche), on file aux urgences.

On oublie

Changer son lait ou arrêter de lui en donner, même sur une courte période, ne sert à rien. L'eau seule n'a pas d'intérêt (parce que dépourvue de sels minéraux) ; les sodas, sucrés et sans sel, non plus. La soupe de carotte (pas de sucre, pas de calories, trop de sel) est inutile, et même contre-productive chez les tout-petits.

Genu varum

À l'âge de la marche, et jusqu'à 2-3 ans environ, ses jambes forment un O. Comme s'il avait séché à cheval sur un tonneau ! selon la formule taquine d'un spécialiste des petits (et plus gros) problèmes orthopédiques de l'enfant. Cette déformation est tout à fait normale et se corrige au fil de la « verticalisation ». Pour se rassurer, on mesure l'espace entre les genoux quand les chevilles de Bébé (couché sur le dos) sont jointes et les rotules regardent au zénith (c'est-à-dire légèrement tournées vers l'intérieur). Cet espace est en principe, si les jambes sont en genu varum (la déformation en O) de deux ou trois travers de doigt, et il suffit de surveiller la bonne évolution tous les six mois avec le même système. Pas de radiographies irradiantes inutilement, sauf si la déformation est présente d'un seul côté ou ne diminue pas avec le temps.

G

Gluten

No gluten comme sa maman ? Est-ce bien utile et/ou raisonnable ? L'exclusion du gluten (contenu principalement dans le blé, le seigle et l'orge) n'est justifiée qu'en cas d'intolérance vraie, une maladie que l'on appelle la maladie cœliaque. Le gluten grignote alors les villosités de la muqueuse intestinale, empêchant l'absorption de nutriments précieux (vitamines, minéraux, protéines, etc.). Une cassure de la courbe de corpulence, un transit en permanence perturbé sont de bons indices. En dehors de ce cas particulier, le moment de l'introduction du gluten n'a strictement aucune importance. Il sera toujours temps, sans urgence, d'évoquer une sensibilité au gluten ou plutôt aux « foodmaps » (les aliments fermentescibles, bonbons sans sucre, certains fruits ou légumes et le gluten) sur un inconfort intestinal bien plus tard dans la vie…

Grains de milium

Des petits points graisseux, comme des petits grains, disséminés sur le visage, le front et les ailes du nez ? Ce sont de minuscules kystes de kératine (un composant de la peau, de sa couche la plus externe) et de sébum. Le reliquat du vernix, la pellicule huileuse qui recouvre un nouveau-né à sa sortie. L'objectif ? Faciliter la sortie et protéger la peau. La nature est bien faite… « Usure » de l'épiderme aidant, les grains laisseront place nette à une peau de bébé. Il est donc inutile de s'en préoccuper.

Grippe

Les enfants sont la meilleure courroie de transmission du virus grippal, extrêmement contagieux, par contact avec les sécrétions respiratoires ou les objets souillés. Cette contagiosité est élevée dès les premiers signes (et même vingt-quatre heures avant), jusqu'à cinq à sept jours plus tard… le temps de contaminer un bon nombre de personnes ! La grippe est dans la majorité des cas peu « bruyante » avant 4 ans (un rhume, une toux) et peut même passer inaperçue. Les adultes touchés sont, quant à eux, terrassés au fond de leur lit. Les risques pour Bébé ? Celui d'une température trop élevée (à juguler par les moyens habituels) et de la toux. Autre inconvénient, une otite suit fréquemment un épisode grippal.

▶ *Voir aussi* ***Fièvre***.

H

Huiles essentielles

Hémangiome

Hernie

Hanches

Hôpital

Homéopathie

HA (lait hypoallergénique)

Hoquet

H

Hanches

Dès les premiers jours de vie, et la première fois à la maternité, le pédiatre vérifie que les hanches ne sont pas instables, autrement dit, qu'elles ne risquent pas de se luxer : que l'on puisse les écarter, des deux côtés, sans limitation et sans qu'elles sortent de leur loge. Ce déplacement de la tête du fémur (l'os de la cuisse) en dehors de sa loge, nichée à gauche et à droite de l'os du bassin, caractérise la luxation.

Ensuite, toutes les occasions d'examen de la mobilité des hanches devraient être saisies dans les premiers mois de vie, que ce soit par le médecin de famille, la sage-femme lors de ses visites de suites de couches ou le centre de PMI à l'occasion des pesées. Même si le premier examen, à la maternité, était tout à fait normal. Et le résultat de cet examen clinique doit figurer dans le carnet de santé, la découverte d'une anomalie indiquant le recours à un échographiste et à un pédiatre orthopédiste.

Ce dont on est sûr maintenant, c'est que la luxation, si elle est présente, s'est produite avant la naissance, dans le ventre de la maman : il s'agit d'une anomalie posturale. On peut facilement la réduire, mais elle se luxe de nouveau au premier mouvement du nouveau-né, les structures de cette articulation étant encore trop lâches pour maintenir l'os en place. On y est d'autant plus attentif en cas de luxation dans la famille, si l'on a des difficultés à écarter la cuisse du bébé, en cas de bébé « potelé », de présentation par le siège ou de naissance de jumeaux.

Si le médecin a un doute, il peut s'aider d'une échographie vers la 4e semaine de vie, pour confirmer ou infirmer son impression clinique sur l'inspection et la palpation (la radiographie ne permet pas de bien voir l'articulation, essentiellement faite de cartilages à cet âge).

Pour se lancer dans un traitement, le langeage permanent en abduction pour un certain temps, efficace mais contraignant, il faut donc être certain de la limitation de l'abduction, confirmée par une échographie. Les coussins d'abduction, achetés « au cas où », doivent être définitivement oubliés. À langer trop en abduction, on prend en effet le risque de détruire la tête du fémur, et ceci de façon définitive. Décider de ce qui est un véritable traitement à la naissance, quand l'articulation est réellement luxée et « laxe », appliqué progressivement et prudemment, est à l'évidence une affaire de spécialiste, de chirurgien orthopédiste. Une radiographie à intervalles rapprochés permet de juger de la qualité du langeage (plutôt moins que plus !), les hanches devant être bien centrées. En principe, deux à trois mois de traitement de ce type suffisent pour que les structures osseuses se mettent en place convenablement et le langeage est abandonné ; puis à l'âge de 1 an, de nouvelles images permettent de vérifier la bonne évolution de la maladie, sa guérison lorsque le diagnostic a été porté tôt, dès les premières semaines de vie.

Réflexe !

Les médecins, en examinant les nouveau-nés, dépistaient systématiquement les « luxations congénitales de hanche ». Un réflexe aujourd'hui souvent tombé en désuétude… à tort ! Les luxations sont alors découvertes après 3 mois et, pour certaines, après l'âge d'acquisition de la marche. L'articulation de la hanche peut alors être abîmée et une correction par la chirurgie devient la seule solution.

H

Avant

La radiographie au 4e mois, qui était autrefois systématique, n'est utile que pour les hanches dites « à risques », lorsque l'échographie n'a pas suffi : le développement osseux étant très variable d'un enfant à l'autre, elle est sinon peu informative.

Hémangiome

▶ *Voir* ***Fraise***.

Hernie

Un petit bout d'organe (recouvert de peau, pas d'inquiétude !), d'anse intestinale, qui sort par un orifice, l'ombilic ou l'aine, où il n'a normalement rien à faire ? C'est une hernie. Elle profite d'une faiblesse de la paroi musculaire (sous la peau donc) pour pointer son nez, sous la peau toujours. D'autant plus facilement et visiblement quand Bébé s'époumone… Ce qui ne veut pas dire qu'il souffre de cette hernie ! Ce sont les pleurs qui facilitent la sortie. Ce type de hernie est plus fréquente si l'enfant est né prématuré et chez les bébés noirs, notamment pour la hernie ombilicale.

Tout rentre dans l'ordre naturellement lorsque la musculature abdominale forcit, avant l'âge de 3 ans. Sinon, une petite intervention peut être envisagée pour recoudre les muscles de la paroi abdominale bord à bord et ainsi fermer la porte de sortie.

Quant à la hernie inguinale, dans le pli de l'aine (le gras du pubis), la boule disparaît à l'arrêt des pleurs, en général aussi vite qu'elle est sortie. Que s'est-il passé ? Un coin d'intestin grêle a emprunté le canal inguinal (normalement fermé) reliant l'enveloppe des intestins au petit bassin, à l'étage du dessous. Cette hernie est « élastique » (elle peut être repoussée vers l'intérieur) jusqu'au jour où elle s'étrangle, surtout si l'orifice est très petit : elle devient alors douloureuse, non réductible, dure. Mieux vaut donc l'opérer en amont, à froid, rapidement, pour éviter cette complication, ou après 1 an (si la hernie ne survient que de façon intermittente) pour laisser au canal le temps de se fermer spontanément, d'autant que les bébés crient moins et la font moins sortir. Il s'agit souvent d'un problème familial, de garçon, né prématurément (ce canal se ferme en toute fin de grossesse), et la hernie se situe plus volontiers à droite.

Avant

Les solutions d'autrefois, une pièce (de monnaie !) ou un langeage trop serré, ne résolvent pas le problème, mais peuvent créer des irritations par frottement.

H

Homéopathie

On s'y fie ? Oui, pour les bébés aussi et surtout, dans certaines circonstances, à définir avec son médecin de famille ou, s'il ne veut pas en entendre parler, une personne qualifiée. Les gros succès de l'homéopathie ? Les petits et gros bobos, douleurs dentaires, rhino et/ou otites à répétition, mais encore allergies et leur cortège de symptômes, eczéma, asthme, etc. L'homéopathie permet de soigner les symptômes aigus, un écoulement de nez par exemple, et surtout ce qui a facilité la survenue de ces symptômes, c'est-à-dire le terrain (la constitution du bébé, qui le fait réagir de telle ou telle manière à une substance étrangère), à l'aide d'un « remède de fond », à plus hautes dilutions. Grâce aux granules et aux doses-globules, moins ou plus du tout de crèmes ou de traitements allopathiques (c'est-à-dire médicaments classiques) par la bouche.

Le principe ? Donner des quantités infinitésimales, extrêmement diluées, d'une substance censée provoquer à haute dose les symptômes qui justifient la prescription. Une sorte de désensibilisation. Ainsi, la noix vomique *(Nux vomica)* est indiquée, à doses homéopathiques, aux enfants nauséeux. Et tous les parents connaissent (ou devraient connaître !) les granules ou les pommades homéopathiques à base d'arnica, pour empêcher l'apparition des bleus, à l'âge des premières chutes, ou diminuer l'hématome lorsqu'il est déjà là.

Astuce

Les granules peuvent être glissés sous la lèvre inférieure ou dilués dans un verre d'eau.

Hôpital

Se déplacer aux urgences pédiatriques de l'hôpital est souvent inutile d'autant que, fragilisé et au contact d'autres enfants malades, Bébé peut y attraper toutes sortes d'autres microbes.

Premier réflexe s'il pleure ou s'il crie, après les vérifications de base (il n'a pas faim, sa couche est sèche, etc.), on prend sa température, un indicateur précieux. Et on la fait redescendre si elle est élevée (au-dessus de 38,5 °C) et/ou inconfortable, uniquement avec du paracétamol. On la recontrôle ensuite à intervalles réguliers, toutes les quatre à six heures, par exemple.

En cas de diarrhée ou de vomissements associés, on donne à Bébé des cuillerées d'un soluté de réhydratation orale (SRO, en pharmacie) pour qu'il soit bien hydraté. Et on attend vingt-quatre à quarante-huit heures, avant de consulter, que cette fièvre évolue (à la hausse ou à la baisse) et qu'apparaissent d'autres signes pour orienter le diagnostic. Voir un médecin au tout début d'une fièvre, à moins qu'elle soit mal supportée bien sûr, n'apporte rien : il n'a alors rien à se « mettre sous la dent » pour se faire son idée diagnostique et donner un traitement autre que celui contre la fièvre. La seule véritable urgence est donc de rendre plus supportable cette fièvre, avec de petits moyens (un gant frais sur la tête par exemple) et le paracétamol à la bonne dose. Et on patiente, le temps que le virus (c'est souvent le coupable !) disparaisse comme il était venu.

▶ *Voir aussi **Paracétamol**.*

H

Hoquet

Bébé est complètement secoué à chaque hoquet ? Après le repas, le muscle du diaphragme, situé entre le thorax et l'abdomen, peut être titillé par la poche (brutalement remplie !) de l'estomac. Il réagit en une contraction réflexe, en spasmant. Même pas grave, mais sans doute inconfortable, puisque la vibration se propage sur le corps tout entier. Une goutte de citron sur le bout de la langue peut régler ce minuscule problème, qui n'empêche pas le coucher.

HA (lait hypoallergénique)

▶ *Voir* ***Lait hypoallergénique (HA)***.

Huiles essentielles

Oui ? Non ? Oui, à condition de respecter **scrupuleusement** un certain nombre de précautions. Les huiles essentielles sont extrêmement puissantes, c'est pourquoi la dose conseillée est de une à deux gouttes seulement.

Avant l'âge de 6 ans, il y a deux voies d'administration, et deux uniquement : la voie cutanée et la voie anale, sous forme de suppositoire (à introduire pointe en arrière, ce que peu de gens savent !). **Jamais** d'HE (huiles essentielles) par la bouche et **jamais** pures.

Dans l'atmosphère, avec un diffuseur *ad hoc*, à froid ou à sec (qui ne chauffe pas les huiles essentielles, dès 3 mois avec certaines HE, cinq minutes par heure, en l'absence de Bébé, puis on l'installe dans la pièce.

Pour avoir l'esprit tout à fait tranquille, on choisit les préparations prêtes à l'emploi de marques d'aromathérapie réputées (Naturactive ou Pranarôm, par exemple).

Pour stimuler l'immunité ou soigner une grippe, l'HE de ravintsara ou un complexe dédié, deux gouttes à masser sur la plante de chaque pied. Sur un rhume, une toux grasse ou une otite, de l'HE d'eucalyptus radié (à appliquer sur le thorax). Pour une toux sèche, de l'HE de cyprès toujours vert (c'est son petit nom).

Et on demande toujours conseil à son pharmacien ou à un expert en huiles essentielles pour éviter de prendre le moindre risque.

Astuce

Pour que les gouttes puissent tomber une à une et non en rafale, incliner le flacon à 45°.

Ingrédients cosmétiques

I

Impétigo

Introduction de nouveaux aliments

I

Impétigo

Une petite bulle à contenu clair qui repose sur une base rouge, inflammatoire ; puis le liquide dans la vésicule se trouble et la pustule se dessèche très vite en se rompant, formant une croûte jaunâtre. Telle est l'histoire naturelle d'une lésion d'impétigo. Elle siège plus volontiers sur le visage autour de la bouche, en périphérie d'une narine, sur le cuir chevelu ou aux extrémités des doigts. Croûteux sur un fond rouge, ou plus discret et associé à un nez qui coule, cet impétigo est un nid de microbes.

Pour empêcher sa dissémination, plusieurs précautions : nettoyer les mains, régulièrement, qui pourraient tripoter le bouton et faciliter l'éparpillement des bactéries, couper les ongles courts ; le linge de toilette ne doit pas être partagé et la lésion désinfectée, à la chlorhexidine, un antiseptique incolore, puis on applique une pommade antibiotique. Consulter est indispensable si le bouton a essaimé.

Ingrédients cosmétiques

Les fabricants de cosmétiques sont tenus d'afficher sur l'emballage de leurs produits la liste complète des ingrédients. Elle se lit par ordre décroissant (comme pour un chocolat en tablette !) en commençant donc par l'ingrédient le plus présent. À éviter absolument, les produits où figurent ces noms barbares : les sodium laureth sulfate et sodium lauryl sulfate, xx-paraben, xx-isothiazolinone, phénoxyéthanol, EDTA, PPG ou PEG, BHT, petrolatum, paraffinum liquidum, ou cera microcristallina (cire de paraffine et autres hydrocarbures) et les parfums.

I

Introduction de nouveaux aliments

Pour tous les nourrissons, y compris en cas d'histoire familiale d'allergie, la diversification doit commencer à partir de 4 mois et avant 6 mois (6 mois pour les prématurés). Par ailleurs, il est inutile, voire risqué, de retarder l'introduction des aliments réputés les plus allergisants (œuf, arachide, poisson, blé, etc.).

Avant

Ces aliments, dont on se défiait, étaient proposés le plus tard possible, vers l'âge de 1 an, en espérant que le système immunitaire de l'enfant « s'endurcisse » à leur égard et, ainsi, les tolère plus volontiers. On s'est aperçu que c'était une erreur, on sait maintenant que c'est l'inverse qui se produit.

▶ *Voir aussi* ***Diversification***.

Kangourou

K

« Kiné respi »

K

Kangourou

Conçue en première intention pour les enfants prématurés, la méthode fait du bien à tous les bébés, qui sont ainsi en contact peau à peau plusieurs heures par jour, et aussi à leur porteur ! Une sorte de couveuse portative. En pratique, l'enfant est mis au contact de la poitrine (paternelle ou maternelle), bien droit, enveloppé serré dans une bande de lycra de coton, bouche et nez libres. Il y reste trois à quatre heures par jour au début de sa vie puis, après quelques semaines, manifeste très visiblement, par des cris, en poussant, etc., son envie de sortir de ce cocon devenu un piège.

« Kiné respi »

La solution miracle ? Parfois, mais dans quelques cas seulement en cas de bronchiolite. Il y a quelques années, on la conseillait beaucoup, et même systématiquement, mais on s'est rendu compte que cette « accélération passive et lente du flux expiratoire » améliorait peu la situation respiratoire. Mieux vaut tabler sur les lavages de nez réguliers (un bébé respire essentiellement par le nez), et fractionner les repas pour des volumes plus petits (toujours cette histoire de respiration par le nez empêchée). Excepté toutefois quand les bronches sont manifestement à la peine. Juste après la séance, la circulation y est certes plus fluide, mais le soulagement est de courte durée, un peu comme dans un nez « enrhubé ». Or il est ici impossible de multiplier les séances. La kiné ne paraît pas réduire la durée de la bronchiolite, au moins à l'hôpital. Le médecin la réserve donc aux enfants qui ont à l'évidence besoin d'être « dégagés » rapidement.

Lait hypoallergénique

Langage

L

Lit (au lit !)

Lait maternisé/infantile
ou de vache

Lingettes

L

Lait hypoallergénique (HA)

Le lait de vache est ici partiellement hydrolysé : les protéines de lait possiblement mal tolérées sont cassées en morceaux plus digestibles et deviennent moins allergisantes, grâce à un chauffage à haute température.

Les laits HA sont indiqués pour les nourrissons de « famille atopique », quand le père, la mère et/ou un frère, etc., ont développé par le passé un eczéma, des rhinites saisonnières et/ou un asthme. Dans ces cas, les manifestations allergiques apparaissent d'autant plus tardivement que l'introduction d'un lait possiblement allergisant est différée.

Les nouveau-nés concernés sont donc nourris exclusivement soit au sein, soit au lait HA, entre 0 et 6 mois, et les protéines animales lactées ne sont pas données avant l'âge de 1 an, quand la tolérance immunitaire est acquise.

▶ *Voir aussi* ***Allergie aux protéines du lait de vache (APLV)****.*

Lait maternisé/infantile ou de vache

À défaut du lait de la mère (bien sûr le meilleur !), les laits infantiles ou artificiels valent toujours, à tous les âges, mieux qu'un lait de vache. Leur composition s'approche de celle du lait de mère, le « sein Graal » !

1er, 2e ou 3e âge ? Le lait 1er âge constitue l'essentiel de l'alimentation des premiers mois, jusqu'à ce que commence la diversification. On passe alors au lait 2e âge, dit « lait de suite », jusqu'à 1 an. Ensuite, place au lait de croissance jusqu'à 36 mois, en complément d'une alimentation diversifiée, équilibrée.

Pharmacie ou grande surface ?

La composition d'un lait infantile est strictement encadrée, par des normes européennes. Aucun risque, donc, de se tromper ni de mettre en danger le bébé en prenant n'importe lequel des laits, qu'ils soient vendus en pharmacie ou en grande surface. Fabriqués à partir du lait de vache, ici transformé pour s'adapter aux besoins d'un bébé, ils n'ont pas tous tout à fait le même goût. Chacun en effet contient un peu plus de ceci ou de cela, un peu plus de caséine (une protéine) ou de lactose (un sucre) notamment, mais ces différences subtiles restent dans la limite des normes.

L

Lait infantile issu de vache ou lait de vache, ce n'est pas la même chose ?

Certainement non ! Il y a trois fois plus de protéines dans le lait de vache, ce qui fait courir au bébé un risque de surpoids. Dans le lait artificiel, les graisses du lait de vache, saturées, ont été remplacées par des huiles végétales contenant des oméga-3 et 6 (absents ou quasi inexistants dans le lait de vache, présents en quantités adéquates dans le lait maternel).

Dans le lait infantile encore, trois fois moins de sel, et des vitamines C, D et E (absentes du lait de vache).

La composition du lait infantile 2e âge n'est pas très différente de celle du lait 1er âge, sauf pour sa teneur en fer, qui est, par ailleurs, 20 à 30 fois plus élevée que celle du lait de vache. Le fer est indispensable à la construction des globules rouges, au développement psychomoteur et à la solidité du système immunitaire.

Après 1 an, les nourrissons ne sont toujours pas au lait de vache (sauf pour les produits laitiers transformés) : sinon, ils absorberaient trop de protéines (dans le lait de croissance, il y a deux à trois fois moins de protéines que dans le lait de vache) et pas suffisamment de graisses qui seraient, par surcroît, de moins bonne qualité (contenant peu d'oméga-3 et d'oméga-6) ; d'autant que l'on a tendance à donner du lait demi-écrémé, ce qui divise par deux les apports en graisses. Or le bébé a besoin de beaucoup de lipides : 45 à 50 % de ses apports en énergie ! Dans le lait de croissance, comme dans le lait 2e âge, il y a 30 fois plus de fer que dans du lait de vache et beaucoup moins de sel.

Pas de lait de chèvre ou de brebis non plus, qui n'ont rien à voir avec une préparation infantile dont la composition est strictement encadrée (voir précédemment).

On change de lait ?

À dix jours de vie, et lors de la première visite en dehors de la maternité, le médecin voit si le lait convient et le troque éventuellement pour un autre lait 1er âge (par exemple en cas de régurgitations, de coliques, etc.), lait classique ou lait plus spécifique, selon la façon dont le nouveau-né réagit aux biberons. Il existe ainsi des laits 1er âge antirégurgitations ou anticoliques, des laits « transit » contre la constipation, des laits hypoallergéniques, etc.

Langage

Le langage se développe grâce à l'audition… On parle donc à son bébé dès la naissance, en articulant pour découper les flux de paroles, mais sans bêtifier. On lui prête ainsi, en engageant le dialogue, une attention particulière, qui sort du cadre des soins (couches, lavage, etc.). L'apprentissage est aussi visuel, l'enfant reliant les sons aux mouvements des lèvres.

▶ *Voir aussi* ***Mots (premiers mots)***.

L

Lingettes

Gare à leur composition quand elles sont jetables (voir la liste des ingrédients) ou alors en dépannage uniquement ! Mieux vaut opter, à la maison, pour des lingettes lavables humides, essorées, savonnées avec un « savon sans savon » et sans parfum, puis rincées, comme les fesses de Bébé.

Lit (au lit !)

Bébé se frotte les yeux, bâille, grogne, s'agite... des signes annonciateurs d'un petit train de sommeil qu'il ne faut pas rater. Le coucher est dans ces conditions plus facile... Aux parents de s'adapter à son rythme, et non l'inverse bien sûr.

M

Mots

Marbrures

Maladie

Moustique

Marche

Milium

Muguet

Mort subite inattendue du nourrisson

Médecin de famille

Mouchage

Montée de lait

M

Maladie

Est-il malade ? Beaucoup de jeunes parents s'inquiètent à l'idée de passer à côté d'une pathologie… Si Bébé mange et dort comme d'habitude, il y a peu de risque qu'il soit souffrant ! Sinon, faites un survol rapide de la situation… Un rhume qui l'empêcherait de boire ? Une fièvre qui le fatiguerait ? La quasi-totalité des maladies de l'enfant, respiratoires souvent, sont sans gravité…

▶ *Voir* ***Fièvre***.

Marbrures

Aux toutes premières semaines de vie, la peau d'un nouveau-né peut dessiner à sa surface des plages pâles et violettes. La manifestation d'une plus grande sensibilité du réseau capillaire aux variations de température extérieure ? Peut-être. En tout cas, le livedo (en langage docteur) ne doit pas inquiéter.

Marche

Il ne marche pas encore à 10, 12 ou 14 mois alors que son compère de crèche galope ? Chacun son rythme ! Vers 3 mois, il redresse la tête, vers 6 mois, il la tient droite et s'essaie à la position assise. Puis, avant de marcher, il rampe sur les mains et les genoux ou son derrière dodu pour aller d'un point A à un point B. Certains

M comme MARCHE

commencent à marcher directement pour se déplacer, en s'appuyant avec les mains sur les murs et les meubles, les barreaux du parc.

Avant

Le trotteur est une fausse bonne idée, et ceci, pour plusieurs raisons. Plus mobile qu'à quatre pattes, Bébé fait davantage de bêtises « prises de risque ». Par ailleurs, comme il fait moins travailler ses muscles, suspendu dans le trotteur, il saura moins s'en servir lorsque viendront ses premiers essais de marche.

Médecin de famille

Cela peut être un médecin généraliste ou un pédiatre. On peut compter sur son médecin de famille pour être en permanence sur le pont et disponible pour des visites à domicile. Le pédiatre, c'est selon... Mais ce spécialiste de l'enfant est irremplaçable pour des soucis plus rares ou complexes. Quoi qu'il en soit, il doit allier savoir (les connaissances théoriques), savoir-faire (la pratique) et savoir-être, avec vous et surtout avec l'enfant.

Milium

▶ *Voir* ***Grains de milium.***

Montée de lait (arrêt)

C'est prouvé (publications scientifiques à l'appui), les anti-inflammatoires homéopathiques que sont Apis mellifica 9CH et Bryonia 9CH, cinq granules de chaque trois fois par jour, soulagent mieux (et sans effets indésirables, dont les vertiges) les douleurs liées à la montée laiteuse que le médicament allopathique de référence.

Avant

Pour bloquer la montée de lait, les mamans étaient autrefois privées d'eau, les seins bandés. Beaucoup plus naturelle, la stratégie qui consiste à ne plus solliciter le sein, ou de moins en moins... Les circuits hormonaux s'adaptent alors, la nature est souvent si bien faite, pour une production au ralenti, puis au point mort. La manœuvre peut être accélérée par les granules cités ci-dessus.

Mort subite inattendue du nourrisson (MSIN)

La grande angoisse des premiers mois... Mais il faut en parler : on peut minimiser et presque annuler ce risque. La quasi-totalité de ces MSIN surviennent avant l'âge de 6 mois, un peu plus souvent l'hiver, un peu plus chez des garçons, plus volontiers nés avec un petit poids. Le tabagisme passif est un facteur de risque majeur (quand des particules toxiques sont inhalées par Bébé, dans le ventre de sa mère notamment, puis dans sa chambre ou ailleurs). Suçoter une tétine serait protecteur. Enfin et surtout, on doit porter une particulière attention aux conditions de couchage. Sur le dos, c'est la base : depuis que l'on a compris cela, au milieu des années 1990, à la lueur de nombreuses études toutes concordantes, le risque de mort subite a diminué de façon drastique. Sur le côté ? Trop instable : si Bébé bouge, il peut basculer sur le ventre et il est alors incapable d'adopter spontanément la position la plus sûre, sur le dos.

On peut faire encore mieux en veillant à l'environnement de Bébé dans le lit : pas de peluche ou d'oreiller trop volumineux sous lesquels il pourrait s'enfouir. Pas de couverture « baladeuse » pour les mêmes raisons. Pas de lit parapluie sans son matelas « qui va avec » (et seulement celui-ci) pour éviter les glissements sur les côtés. Pas de sieste, non plus, sur le coussin d'allaitement qui n'est pas conçu pour cela. Pas de co-dodo dans le lit parental, d'autant que ces premières semaines sont rudes et que le sommeil de la maman, souvent lourd, l'empêche de se rendre compte qu'elle empiète sur l'espace vital de son nourrisson. Oui à un matelas suffisamment ferme pour que le bébé, s'il se retournait, n'y enfonce pas son visage. La température dans la pièce doit être tempérée, pas trop chaude 18 à 20 °C).

Pas d'inquiétude si le bébé régurgite ! Naturellement, comme pour un enfant plus grand, un réflexe l'empêche d'inhaler ce qu'il rejette. Sécurité supplémentaire, comme sa tête n'est pas fixée sur le drap, il peut toujours tourner la tête à droite ou à gauche pour être plus à son aise, un réflexe là encore.

Pas d'inquiétude non plus lorsqu'il commence à se retourner tout seul, il sera capable de se tourner de nouveau en cas de difficulté (à condition que la literie, pas trop molle, le lui permette).

▶ *Voir aussi* ***Couchage*** *et* ***Co-dodo***.

Exercice

Lorsqu'il est éveillé, et vous à proximité, laissez-le une poignée de minutes sur le ventre pour qu'il exerce ses muscles du cou et soutienne mieux sa tête. Ainsi, dans le lit, s'il se retournait pour être sur le ventre, il y serait plus à l'aise. Une gymnastique à proposer à distance des repas !

Astuce

Offrez à une nouvelle maman un body à message, « Je dors sur le dos », pour aide-mémoire !

Mots (premiers mots)

C'est injuste, mais ses premiers mots sont une syllabe : « da » ou « pa ». Et comme il est très content de lui, applaudi par tous, il les répète, produisant le fameux « papa ». Grrrrr ! « Maman » viendra très vite, ne vous inquiétez pas, et peut-être plus souvent que vous ne le supporterez… Mamaaan, mamaaan, mamaaan !

▶ *Voir aussi* ***Langage***.

M comme (Premiers) MOTS

Mouchage

Ahhh le mouchage ! Sportif toujours, mais ô combien indispensable et efficace. Sachant que les voies respiratoires – nez, gorge, oreilles – encombrées ou non, communiquent entre elles, il s'agit de projeter du sérum physiologique dans une narine pour le voir expulsé, emportant avec lui les sécrétions, par l'autre narine. Même manœuvre, giclette de sérum, puis expulsion (naturelle) par l'autre narine. L'objectif ? Des voies libres, ce qui est bienvenu juste avant le repas où la bouche est obturée par le sein, la cuillère ou la tétine. Au temps des rhumes, on doit donc, idéalement, procéder au mouchage avant les repas, le soir au coucher et la nuit (grr… oui, je sais !) en cas d'encombrement qui empêche le sommeil.

Pschitt ou dosettes de sérum, c'est selon. Vous aurez besoin de vos deux mains (et éventuellement de celles du papa !) pour ce mouchage. La forme spray (pulvérisateur) peut être plus pratique, avec un embout « respectueux », qui ne blesse pas les minuscules narines de Bébé.

Avant

Fini le mouche-bébé où l'on aspirait les sécrétions de Bébé (beurk, même si ce sont celles de son bébé !).

M

Moustique

La tendre chair de Bébé est un formidable terrain de jeu pour les insectes piqueurs, moustiques surtout. Anophèle (du paludisme), Aedes (le « moustique-tigre ») ou moustique commun, le but du jeu est d'éviter la piqûre, avec une particulière exigence pour les moustiques les plus à risque de transmission de virus (à l'origine de la dengue, du chikungunya ou du zika).

Première solution, connaître parfaitement les conditions de vie (et de mort !) de l'insecte[2], sa niche écologique, ses horaires de piqûre, etc. Deuxième solution, opter pour la moustiquaire et/ou les vêtements imprégnés d'un insecticide, la perméthrine, qui tue le moustique quelle que soit son espèce. Un matériau inerte, sans danger, même pour les bébés. Troisième solution, choisir l'un des produits biocides répulsifs validés[3] et ce, à bonne concentration (en fonction de la destination et de la peau de Bébé) : DEET (dosé à 20 %, à partir de 6 mois), icaridine (Moustidose, dès 6 mois), IR3535 (à partir de 6 mois, quand il est dosé à 20 %) et citriodiol (à partir de 6 mois, et par exemple E2 Essential Eléments de Stop Moustiques, à partir de 18 mois). Ces répulsifs repoussent, certes, mais ils mettent aussi temporairement le moustique KO. Si la moustiquaire imprégnée est ce qui se fait de mieux pour protéger Bébé, on ne peut pas compter sur les bracelets répulsifs, dont le périmètre d'action est limité à quelques centimètres.

2. http://invs.santepubliquefrance.fr/Publications-et-outils/BEH-Bulletin-epidemiologique-hebdomadaire/Archives/2017/BEH-hors-serie-Recommandations-sanitaires-pour-les-voyageurs-2017.
3. http://solidarites-sante.gouv.fr/IMG/pdf/tableau_repulsif_recos_mars_2016.pdf, pour les biocides autorisés en fonction de l'âge.

Muguet

À la suite d'un traitement antibiotique, par exemple, peuvent apparaître dans la bouche un semis de taches blanches, souvent à l'arrière du palais, à l'intérieur des joues, sur la langue. Comme les aphtes, ces petites lésions ne sont pas graves en soi ; elles gênent juste la mastication et peuvent ainsi, si elles ne sont pas soignées, entraver la prise de poids.

Le muguet est une mycose, c'est-à-dire une infection produite par des champignons. Ceux-ci ont pu coloniser la bouche d'autant plus facilement que l'antibiotique, pris notamment pour soigner une otite, a aussi terrassé les germes en bouche, mettant à mal l'équilibre de la flore buccale. La flore intestinale (le microbiote), plus bas, est également laminée et le champignon peut alors, en l'absence de traitement, « descendre » et affecter le transit digestif.

On file donc chez le médecin pour un traitement adapté, un antimycosique à appliquer au coton-tige (habituellement sur deux semaines).

Bonne idée !

Tapoter les taches avec une compresse d'eau bicarbonatée (une cuillerée à café pour un demi-verre d'eau). Un mélange qui élève le pH en bouche. Le milieu devient alors défavorable au développement de mycoses qui, par nature, aiment les terrains acides.

Nombril

N

Nuits

N

Nombril

▶ *Voir* ***Ombilic***.

Nuits (quand les fera-t-il ?!)

A priori avant l'âge de 6 mois, comme la grande majorité des nourrissons. Et même avant s'il est gentil ! Le temps que son sommeil se structure, avec une grande plage de sommeil nocturne. Des pauses la journée, dans la matinée et à l'heure de la sieste l'après-midi. On en profite pour se caler sur ses rythmes, pour être sûr de tenir le coup sur le long terme…

Ongles

Ombilic

Oreilles

Ostéopathie

Ombilic (nombril !)

C'est par cet orifice que passait le cordon reliant le bébé à son placenta, dans le ventre de sa maman. Le cordon a été coupé (!) à la naissance. Il n'en reste alors, pendant quelques jours, qu'un petit lambeau qui peut saignoter. Avant de tomber, très naturellement, au 4-5e jour. On nettoie cette zone, avant et après, à l'eau et au savon pendant le bain, et lors d'un change si la zone a été souillée. Rincage, puis séchage soigneux pour éviter que ne s'y multiplie un microbe (comme dans tout endroit chaud et humide). La cicatrisation est terminée en une huitaine de jours.

Avant

On mettait autrefois un antiseptique sur ce microbobo. Or, on sait maintenant que sur la peau, il existe des bactéries bienfaisantes. À l'image de ce qui se produit dans l'intestin, le parfait équilibre de ce microbiome protège la peau de toutes les agressions et fragilités. On se contente donc aujourd'hui d'un nettoyage doux.

Ongles

Des petites griffes ! Il s'est labouré la peau des joues et du nez avec ses ongles, minuscules et pourtant si coupants. Pour les nettoyer, une petite brosse douce improvisée avec une vieille brosse à dents souple encore amollie par une plongée dans une eau savonneuse. Et on se lance dans la coupe avec des ciseaux à bouts ronds spécial bébé, nourrisson tapi dans son giron, sans s'attarder sur les côtés.

Avant

Pour éviter que les bébés ne se griffent, on épinglait la manche au vêtement : mauvaise idée ! Ou, plus barbare encore, on enfermait le bras dans un tube en carton pour empêcher que Bébé plie son bras pour atteindre les joues...

Oreilles (nettoyage)

La dernière partie du conduit de l'oreille, tout près de la sortie et du pavillon, produit en permanence du cérumen, une cire qui englue les poussières indésirables. Il est préposé à la protection du tympan niché au fond du conduit. On enlève délicatement l'excédent qui pointe à l'ouverture du conduit avec une compresse ou un mouchoir (jetable). Point, c'est tout.

Avant

On oublie les cotons-tiges qui tassent le cérumen vers le tympan, provoquant les fameux bouchons. À la clé, une surdité relative qui freine les apprentissages.

Ostéopathie

Avant qu'un bébé soit soigné par ostéopathie pour une maladie, celle-ci doit être authentifiée par un médecin et traitée par les moyens qui conviennent. Que le bébé ne perde pas ses chances de guérir vite et bien. Quitte, si cet inconfort est effectivement du ressort de l'ostéopathe, à le lui adresser ensuite. L'ostéopathie est une composante de la médecine, un outil de diagnostic et de traitement.

C'est à l'ostéopathe qu'il revient de traiter les douleurs et les perturbations concernant les muscles et le squelette, blocages articulaires et lésions, ainsi que leur retentissement sur les organes internes en regard. Sa mission ? Redonner de la mobilité par des techniques manuelles : mobilisation des organes, détente musculaire, effleurage des viscères, rééquilibrage du système nerveux végétatif (celui qui gouverne les viscères, estomac, intestin, etc.), décompression, étirements et stimulation (sur le trajet des méridiens, de l'acupuncture… sans les aiguilles !).

L'ostéopathie peut être utile dès les premiers jours de vie. Comme pour ce nouveau-né souvent en pleurs, alors que toiletté et rassasié… Souffre-t-il de tensions crâniennes, donc de céphalées, à la suite de la grossesse et de l'accouchement, des situations certes naturelles, mais où il a subi quelques contraintes mécaniques : une expulsion difficile, des tractions, qui provoquent parfois un chevauchement des sutures du crâne (elles ne seront définitivement soudées que vers 18 mois), un hématome entre le crâne et la peau et/ou un « dérangement douloureux intervertébral mineur » (le nerf à sa sortie du trou entre deux vertèbres est alors chahuté). Les effets de ces légers désordres se révèlent à très court... ou plus long terme.

Et s'il avait mal au ventre ? Ce peut être parce que l'un et/ou l'autre de deux grands nerfs à la base du crâne ont été sensiblement irrités lors de la tourmente de l'accouchement.

Autre situation où l'ostéopathe est précieux, toujours dans les premiers jours de vie, quand apparaît un torticolis, dû à un microdéplacement entre l'articulation de la toute dernière partie des os du crâne, avant la colonne, et les premières vertèbres. La tête du bébé en est du coup légèrement tournée, en extension et fléchie sur le côté, les muscles du cou se contractent et un torticolis s'installe. Par des mobilisations douces et précises (la moelle épinière et les vaisseaux qui la nourrissent ne sont pas loin !), l'ostéopathie remet les articulations vertébrales en place, ainsi que les sutures si elles se chevauchaient.

▶ *Voir aussi* ***Plagiocéphalie (crâne plat)***.

P

Peau sèche

Petits pots

Papa

Portage

Pèse-bébé

Pleurs

Pieds plats

Poids

Peur du noir

Plagiocéphalie

Pointe des pieds

Pouls

Pieds en dedans

Pouce

Pouxxxx !

Paracétamol

Poussée dentaire

Prématuré

Papa

Quand l'enfant paraît... la vie n'est plus tout à fait la même, pour le papa non plus ! La transition a même sans doute été plus brutale que pour la maman. Pour apprendre à devenir papa sans stress et sans trop de maladresse, un papa bienveillant (il s'appelle Gilles), dans le cadre de son École des papas, propose un atelier du futur papa, de préparation à la paternité. Une initiation chez soi ou, à Paris, en partenariat avec la Caisse d'allocations familiales, trois heures centrées sur les gestes du quotidien et la relation avec l'enfant.

Pour en savoir plus : www.atelierdufuturpapa.com.

Paracétamol

L'antifièvre (antipyrétique) de Bébé, qui n'a droit presque qu'à celui-ci parce qu'il est doté du meilleur rapport efficacité/sécurité : il est en effet à la fois efficace et sûr, à condition de l'utiliser à la bonne dose, calculée en fonction du poids. Les différentes marques qui commercialisent le paracétamol ont simplifié le problème de la dose avec les pipettes graduées en fonction du poids. On ne le donne qu'à partir de 38,5 °C quand la fièvre est mal supportée.

Sa durée d'action est de quatre heures environ. Quand il n'y a plus de traces de paracétamol dans le sang, la fièvre s'élève à nouveau si le virus (en général, il s'agit d'un virus) est toujours présent. Lorsque la fièvre n'est plus là, c'est que le système immunitaire de Bébé a fait son travail. Le paracétamol accompagne ce processus naturel ; il ne fait que baisser la fièvre mécaniquement.

Le médicament doit être pris quatre fois seulement par vingt-quatre heures, ce qui couvre à peine, imparfaitement, les vingt-quatre heures en cas de grosse fièvre qui dure. Si et seulement si la fièvre est inconfortable, on peut intercaler une prise d'un anti-inflammatoire non stéroïdien. Une possibilité à discuter avec le médecin toujours, en fonction de l'âge, du poids et de la maladie qui a occasionné la fièvre. Une certitude, en cas de varicelle ou de déshydratation probable (diarrhée et vomissements), on fait l'impasse sur les anti-inflammatoires.

Avant

On donnait facilement de l'aspirine sur une fièvre, aujourd'hui formellement déconseillée au très jeune âge, en raison de ses effets secondaires, trop importants en regard de ses avantages…

▶ *Voir aussi* ***Fièvre*** *et* ***Pleurs****.*

Peau sèche

En tête des raisons d'une peau sèche, la dermatite atopique (DA). Elle se manifeste par des poussées d'eczéma. Des plaques rouges sèches surgissent, qui démangent furieusement. Au plus fort d'une crise, elles sont parsemées de petites lésions, des vésicules suintantes, qui forment ensuite des croûtes. Les zones les plus atteintes ? Les joues, le front et le menton, mais aussi le pli du coude, derrière le genou, sur les poignets, le dos des mains ou le pli derrière l'oreille. Environ 20 % des nourrissons en souffrent, la plupart avant l'âge de 1 an.

La dermatite atopique résulte de la rencontre d'un « terrain » favorable et de facteurs environnementaux. Ainsi, une prédisposition génétique à l'allergie (50 % de risque si l'un des parents est allergique, 80 % si les deux le sont !) se traduit par une réaction excessive de l'organisme à de petites quantités de substances étrangères (l'allergène) qui y pénètrent par voie digestive ou respiratoire. Chez les tout jeunes enfants, cette réaction inappropriée se manifeste plus volontiers par des problèmes sur la peau (la DA) ou l'appareil digestif (des diarrhées, des douleurs, etc.). La maladie évolue par poussées, déclenchées principalement par des allergènes alimentaires, œuf en tête et, par ordre décroissant, arachide, lait, farine de blé et poisson. Responsables d'exacerbations encore, les aéroallergènes de l'environnement (acariens, chats, blattes, moisissures et pollens).

Pour inverser la tendance, de la douceur ! Le bain doit être court et tiède. La peau nettoyée avec un pain sans savon ou une huile lavante émolliente, rincée à l'eau tiède, puis séchée *a minima*, sans friction ni massage. Avant d'appliquer aussitôt une crème émolliente spécifique : en restaurant le film hydrolipidique de la peau, celle-ci va lui permettre de mieux résister à la pression des allergènes.

▶ *Voir aussi* ***Toilette des peaux les plus fragiles***.

P

Pèse-bébé

Faut-il s'équiper ? Pas forcément, sauf lorsque le médecin le demande parce que le bébé a démarré lentement ou qu'il avait un très petit poids à la naissance. L'appareil, qui prend beaucoup de place, peut être loué le temps d'une période sensible, pour vérifier à intervalles rapprochés que la courbe est bien engagée... Autrement, une pesée par mois (après le premier mois) chez le médecin ou la sage-femme suffit pour apprécier l'évolution de la corpulence de Bébé.

Avant

Balance obligatoire, métallique, et son panier harnaché au-dessus, avec sa barrette de poids qui nécessitait une grosse explication de texte avant utilisation !

▶ *Voir* ***Faim***.

Petits pots

Bons ? Pas bons ? Du point de vue de la qualité nutritionnelle, c'est-à-dire de la richesse en nutriments (ce qu'il faut à Bébé pour croître et embellir en sécurité), pas de problème. La réglementation est draconienne.

Pour ce qui est du goût, testez-les, comparez les petits pots entre eux et avec les purées/préparations maison... Si décidément ils ne vous conviennent pas et que vous n'avez pas le temps ou l'envie de cuisiner vous-même, une solution gourmet, les petits pots « de chef », bons, bio et frais... Au choix des menus : www.lapotiondeslutins.com, www.potpotam.fr ou www.commedespapas.fr.

Peur du noir

Peur du noir ou cauchemar, ce n'est pas du ressort d'un enfant de moins de 2 ans. Pour avoir peur du noir, on doit être capable de se construire un monde imaginaire, ce qui est impossible avant cet âge. Une fois la lumière éteinte, en perdant ses repères visuels, il éprouve une sensation de flou. Son autre sens, l'ouïe, est alors suraiguisé. La crainte du lâcher-prise, la solitude libèrent les mauvaises pensées... et ses monstres familiers, bandits et dragons.

Avant

Les veilleuses ne sont pas vraiment utiles avant 2 ans et facultatives au-delà...

P comme PETITS POTS

P

Pieds en dedans

Ultrafréquent ! L'enfant, à l'âge de la marche, peut alors se prendre les pieds l'un dans l'autre et chuter plus souvent. Les solutions dépendent de la raison, haute ou basse sur la jambe, de ces pieds en dedans. Soit ce sont les os du pied qui tournent en dedans (le métatarsus varus), une situation naturelle à la naissance, mais qui perdure… La solution ? Des chaussures à bout déjeté en dehors pour inverser la tendance. Et/ou un massage délicat du bord externe du pied, en s'aidant d'une brosse à dents douce si le pied est un peu raide.

Deuxième possibilité, c'est la jambe (pas la cuisse) qui est tournée vers l'intérieur, une rotation du squelette naturelle là aussi à la naissance. Elle se corrige spontanément au cours de la première année. Toutefois, la déformation persiste parfois un peu plus longtemps. Contrairement à ce que l'on imagine, mieux vaut porter des chaussures souples et basses (l'enfant marche mieux pieds nus !). L'articulation de la cheville est en effet plus mobile, ce qui lui permet de compenser en plaçant le pied en dehors.

Enfin, la jambe tout entière (jusqu'à la hanche qui est trop tournée vers l'avant et l'intérieur) peut effectuer une rotation en dedans. Les pieds sont en dedans certes, mais aussi les rotules qui « louchent ». Et l'enfant s'assied très facilement en grenouille, les pieds sous ses fesses ou même sur les côtés. L'occasion de vérifier, si cela n'a pas été fait dans les premiers mois de vie, avec une radiographie des hanches, qu'elles sont bien en place. Cet excès d'« antéversion » (et son corollaire, la jambe qui tourne), très fréquent (près d'un enfant sur deux), diminue avec les années au fur et à mesure de la « verticalisation » qui exerce une pression d'avant en arrière sur les hanches. Surtout si l'on peut mobiliser les hanches vers le dehors, même lorsque ses pieds sont très en dedans.

L'enfant devenu adolescent, nécessité fait loi, accentue très naturellement la rotation vers l'extérieur de ses hanches pour compenser si cette déformation le gêne (esthétiquement).

Avant

Pas de chaussures à tige montante et rigide que l'on adoptait autrefois volontiers quand la jambe tournée en dedans facilitait la rotation du pied en dedans aussi... elles accentuent même le trouble de la marche !

Pas de chirurgie, importante et compliquée, pas d'attelles de « dérotation » non plus, inutiles et contraignantes.

Pieds plats

L'enfant est petit et mou par définition. À l'appui, la plante de ses pieds s'écrase. Sur la pointe des pieds, il en creuse la voûte. Lorsqu'il se musclera, au fil des ans, l'anomalie disparaîtra. Pour accélérer le mouvement, on peut tenter les semelles, sans garantie... ou lui proposer de ranger sa chambre en attrapant les petits objets avec ses orteils ! Ou de danser sur la pointe des pieds.

P

Plagiocéphalie (crâne plat)

Son crâne est raplapla ! Parce que Bébé dort sur le dos (une consigne à respecter toujours, pour réduire le risque de mort subite du nourrisson) et que les muscles de son cou ne sont pas assez robustes pour déplacer sa grosse tête, le crâne reste fixé sur le drap. Et s'aplatit, d'autant plus facilement que l'os est comme une pâte à modeler dans les tout premiers mois de vie. On se rassure, la majorité de ce que les médecins appellent une plagiocéphalie se sont résolues spontanément à l'âge de 2 ans.

Toutefois, pour éviter que l'aplatissement du crâne à l'arrière de la tête ne devienne permanent, surtout s'il s'y associe un micro-torticolis de naissance (un problème à régler au préalable avec le kinésithérapeute ou l'ostéopathe), il faut s'en occuper dès les premiers jours, en alternant par exemple le sens du couchage. L'objectif ? Que le bébé, attiré par les mouvements dans la chambre, tourne sa tête un jour vers la gauche, le jour suivant vers la droite, son lit étant poussé contre le mur.

Autre astuce, un mobile ou de la musique qui attire l'œil et/ou l'oreille du tout-petit et que l'on déplace.

On évite aussi de le laisser allongé sur son transat tête à plat. Et on le pose à plat ventre sur son tapis de jeu à intervalles réguliers (gare, pas juste après un biberon !), quelques minutes pour commencer, quand il est calme. Il tonifie ainsi ses muscles du cou et prend l'habitude de tourner naturellement sa tête. Dans les bras, on le met sur le ventre, ici aussi pour faire travailler ses muscles du cou. Enfin, on préfère un porte-bébé ventral plutôt que dorsal.

Pleurs

Mais que lui arrive-t-il ? Pas de panique, il a beaucoup de bonnes raisons (même pas graves !) de pleurer ; c'est de fait son seul moyen d'attirer l'attention et de signaler qu'il lui faut… une tétée, un câlin, un dodo ou les trois ! Exceptionnellement, qu'il est malade.

Il est propre, repu, pas fiévreux, vous avez massé son petit ventre et pourtant il pleure toujours ? Peut-être a-t-il été trop sollicité (il est si mignon) et réclame-t-il ainsi une pause ? Au crépuscule, jusqu'à 2-3 mois, il peut être très agité – pleurs, cris, etc. –, sans pour autant souffrir. Un moment difficile (pour les parents), mais cette veille active est naturelle.

▶ *Voir aussi* ***Coliques***.

Poids

Trop gros ? Trop maigre ? Éternelle question… Si les bébés pèsent en gros le même poids au même âge, c'est… en très gros ! Autrement dit, certains paraîtront plus minces, d'autres plus joufflus, et c'est normal. Comme les bébés mangent pratiquement les mêmes quantités au même âge, c'est une question de gènes : si papa est petit et enveloppé, Bébé pourrait l'être ou le paraître. Idem pour la taille. Une constante, tous les bébés grossissent plus qu'ils ne grandissent jusqu'à ce qu'ils marchent.

Pour s'y retrouver et savoir si la façon dont votre bébé pousse (grandit et grossit) est celle qui convient, s'il n'est pas trop gros ou trop maigre, rendez-vous en fin de carnet de santé. On y trouve les courbes de corpulence sur lesquelles on inscrit régulièrement poids et taille.

À cette période comme plus tard, l'objectif est qu'il chemine tranquillement sur sa courbe personnelle de croissance, construite point à point, qui n'est pas la même pour tous et c'est normal ! On ne se préoccupe donc pas des autres et de leur poids.

Bébé circule sur ses « rails », son couloir, pour certains en partie haute ou basse, d'autres à la moyenne. Ces courbes permettent de se rendre compte très rapidement d'un fléchissement, à la baisse ou à la hausse, quand Bébé ne prend pas assez de lait (la technique d'allaitement n'est pas appropriée, par exemple) ou, au contraire, qu'il mange trop riche (gras et/ou sucré) à la période délicate de la diversification.

S'il semble sortir de la courbe, on peut très vite inverser la tendance en lui proposant, selon les cas, plus ou moins de légumes, de poisson, de céréales, de lait infantile, etc. Pour qu'il regagne sans difficulté son couloir personnel de croissance, poids et taille.

Avant

Pour être beau, il fallait être rond, le plus rond possible, des joues, des cuisses, du ventre… Un peu la course au (kilo)gramme ! Or le poids et la façon de se nourrir pour atteindre ce poids sont déterminants pour la suite des événements et le poids à l'âge adulte.

▶ *Voir **Faim**.*

P

Poils

Sa peau, garçon ou fille, peut être recouverte d'un fin duvet plus ou moins foncé, à la naissance. Il disparaîtra en quelques jours. Ces doux poils, des organes tactiles, le renseignaient probablement, par leurs ondulations, sur son environnement dans le ventre de sa maman et les limites de son corps.

Pointe des pieds

Saisi par une inspiration subite, il part comme un funambule sur la pointe des pieds ? Si, à l'arrêt, il pose ses pieds à plat au sol, naturellement, et qu'alors, ses muscles des mollets ne se rétractent pas, on lui refait faire la manœuvre tous les six mois en présence d'un médecin. Dans la majorité des cas, le problème se résout spontanément. On prête plus d'attention à la façon dont la marche évolue, sur la pointe des pieds ou pas, si les muscles du mollet sont rétractés. Et si l'on ne trouve rien, le médecin peut proposer des séances de kinésithérapie, le port de chaussures rigides montantes et même des attelles nocturnes. Ce qui se comprend ! En effet, nous dormons tous, enfants et adultes, quelle que soit notre façon de marcher, en flexion plantaire, l'équivalent de la pointe des pieds, et pour inverser la tendance des pointes de pied le jour, la « rééducation » doit se faire la nuit aussi.

P

Portage

Le moyen idéal ? Celui qui convient le mieux, à la maman et au bébé ! Le portage, qui permet le « peau à peau », avec en prime une régulation de la température de l'enfant en toutes circonstances, favorise l'attachement mère-enfant. Écharpe ou porte-bébé peu importe, à condition de respecter quelques règles de sécurité.

Les médecins ont une préférence pour le porte-bébé, pour que le nouveau-né ait les jambes écartées, en cas de luxation de hanche bien sûr, mais de façon plus générale aussi. Ils sont plus réservés sur la position bébé « en haricot », le long de sa maman, en écharpe, qui reproduit la position « luxante » du bébé dans l'utérus, hanches rapprochées/tournées en dedans. L'idéal ? la posture naturelle de bébé, dos arrondi, jambes fléchies sur son ventre, comme accroupi.

Après 5 à 6 mois, quand sa tête sur son cou est bien solide, il peut être porté face au monde, non plus seulement contre soi. Il est forcément moins à l'abri que lové contre le ventre de sa maman... À petites doses par conséquent et dans un univers propre et sûr. Porter en écharpe s'apprend, pour ne pas mettre le bébé en danger. Et il y a aussi d'excellentes poussettes !

▶ *Voir aussi **Kangourou**.*

P

Pouce

▶ Voir **Tétine**.

Pouls

Comme il bat vite ! À plus de 100 pulsations par minute, et c'est tout à fait normal. Le rythme s'accélère encore aux cris. C'est pour cela qu'il vaut mieux se fier à la température qu'au pouls pour mesurer une fièvre.

Poussée dentaire

La poussée et l'éruption sont deux phénomènes bien différents. La première se déroule sur une période longue, de 2 mois et demi à 3 ans, au cours de laquelle les 20 dents de lait apparaîtront successivement ; l'éruption dentaire se déroule sur une période courte, d'une dizaine de jours, où la dent sort effectivement de la gencive.

Aucune à l'horizon ? Elles sortiront ! On n'a jamais posé de dentier à un bébé...

C'est à la faveur d'un remaniement de la gencive, tiraillée, gonflée, que la dent surgit. La douleur vient de l'inflammation produite par le travail de préparation de la gencive. Bébé salive

P

énormément, il chouine, ses fesses sont rouges, parfois à vif, très brutalement. Le tout peut s'accompagner d'une petite fièvre (gaffe, un 39 °C est le témoin d'un autre problème).

Pour calmer le feu, tous les petits moyens sont bons. Dans l'ordre ou le désordre. De Sophie la girafe réfrigérée (pas glacée !) à un anneau tout simple (plein, sans eau dans son cœur), frais lui aussi, aux sirops (Delabarre) ou gels (guimauve et camomille pour Pansoral ou acide hyaluronique pour Hyalugel) à masser doucettement sur cette gencive hypertrophiée. On peut encore verser directement dans son bec une unidose d'un cocktail homéopathique (camomille, rhubarbe et phytolacca) spécifique des troubles liés à l'irruption d'une dent (Camilia de Boiron). Et si décidément cela ne suffit pas, si Bébé reste inconsolable, une pincée de paracétamol.

Avant

On pensait que le bébé était trop petit pour souffrir, y compris de douleurs dentaires. Archifaux : il souffre, et le souvenir de cette douleur peut s'éterniser... Gare, pas de sucre pour aider à la sortie, en frottant la gencive avec cette sorte de papier de verre à gros grains. Pas de collier d'ambre non plus ou alors placé dans une zone sans risque (taille ou cheville).

P

Pouxxxx !

De tête, quand Bébé est enfin chevelu... Elle court, elle court, la rumeur qui annonce les poux dans telle ou telle classe de maternelle (bientôt toutes !) ! Et elle est fondée, semble-t-il. Attention, une fois sur deux, une infestation par les poux est « silencieuse » et ne démange pas. Mais un enfant qui se gratte, particulièrement autour des oreilles et sur la nuque (les endroits les plus douillets), doit être considéré, jusqu'à preuve du contraire, comme un réservoir à poux ! Pour en avoir le cœur net, gratouille ou pas, un examen soigneux de la chevelure, s'il le faut avec une loupe, en y passant et repassant le peigne fin (un accessoire in-dis-pen-sa-ble), de la racine vers l'extrémité du cheveu.

Il s'agit de déloger le(s) pou(x), sans oublier leurs œufs (les lentes), bien à l'abri dans leur coque, minuscules et souvent imperméables aux « étouffe-poux ». Les lentes, bombées et luisantes, ne partent pas au brossage.

Les pschitt repousse-poux proposés pour prévenir l'infestation sont inefficaces. En revanche, une fois le pou dans la place, on peut tabler sur les produits aujourd'hui sur le marché. Ils sont dénués de toxicité et efficaces, leur mode d'action, mécanique, empêchant que le pou s'habitue et résiste au produit.

Tous reposent sur le principe d'asphyxie du pou par des principes actifs qui bouchent ses orifices respiratoires. À privilégier, une lotion plutôt qu'un shampooing (qui dilue les principes actifs). Et surtout, on lit attentivement la notice pour ne pas se tromper sur les temps de pose et les éventuelles réapplications. La réussite, l'expulsion complète des familles de poux, est à ce prix.

P

Comme on connaît son ennemi…

De l'art de cette guerre ! Pour se débarrasser plus sûrement de cet indésirable animal de compagnie, mieux vaut bien le connaître, lui et ses habitudes de vie. Ce minuscule insecte (de 1 à 2 mm), transparent à jeun, ne saute pas, ne vole pas, mais marche à six pattes, munies de pinces qui lui permettent de s'accrocher aux cheveux : propres ou non, il les aime tous. Il court ainsi d'une tête à l'autre, comme un singe d'une liane à l'autre. La voie la plus directe de contamination, loin devant les bonnets, écharpes et cols de manteaux.

La femelle pond jusqu'à dix œufs par jour (les fameuses lentes) pendant vingt à trente jours et les arrime à la racine du cheveu grâce à une colle qu'elle sécrète. Après une semaine, un petit pou sort de la lente et devient adulte (et sexué !) en dix à quinze jours. Ce qui explique les consignes de traitements répétés…

Avant

Pour tuer les poux, on utlisait des produits à base d'insecticide, toxiques pour le système nerveux du pou… et sans doute de l'enfant et de sa famille. Définitivement bannis !

P comme POUX

P

Prématuré (alimentation du prématuré)

Au tout début, c'est du lait de mère qu'il lui faut, de la sienne si c'est possible ou d'une autre (c'est en priorité à ces nouveau-nés que sont destinées les « banques » de lait). À défaut, une préparation infantile spécifique pour prématurés peut être proposée ; elle est enrichie en calcium, en acides gras à longues chaînes (pour fabriquer les membranes de ses cellules, cérébrales en particulier). Et ce, jusqu'à ce qu'il atteigne son terme théorique ou un poids de 3 kg. Le « baromètre » de la croissance est bien sûr la pesée, une fois par semaine quand la prise est contrôlée (un biberon d'une préparation infantile), une à deux fois par semaine les premiers temps pour le sein. Attention, pas de pratique solitaire de la pesée, un nouveau-né ne grossit pas régulièrement tous les jours et personne n'est là, à côté de vous, pour vous dire ce qu'il faut penser d'une éventuelle stagnation de poids.

L'âge de la diversification se compte ici en âge corrigé et non en âge chronologique. Ainsi, pour un enfant prématuré né avec deux mois d'avance, elle ne se fait pas entre 4 et 6 mois d'âge chronologique (qui est celui dont on tient compte pour les vaccins), mais entre 6 et 8 mois.

Le principe de la diversification reste le même que pour les bébés nés à terme : un peu de tout, assorti de lait 2e âge à partir de 5 mois d'âge corrigé, de lait de croissance à partir de 1 an, corrigé toujours.

Enfin, un bébé né prématuré reçoit de la vitamine D, ainsi que des vitamines A, C et E au moins jusqu'à 6 mois d'âge chronologique, l'enfant puisant normalement ces vitamines chez sa mère en fin de grossesse ; ensuite, la vitamine D seule est indiquée. À prévoir encore, une supplémentation en fer jusqu'à l'âge de 6 mois, sans qu'un contrôle de la ferritine dans le sang soit nécessaire (voir Petit abécédaire des examens biologiques, p. 212-218).

Dernière précaution, tout comme pour les bébés nourris au sein, une ampoule de vitamine K (à 2 mg) pendant la durée de l'allaitement une fois par semaine. Une pratique française, en vertu du principe de précaution : un déficit en cette vitamine pourrait faire courir le risque d'une hémorragie cérébrale.

R

Régurgitations (reflux)

Ressemblances

Régime

Refus du biberon

Réveil nocturne

Rototo

Rhumes à répétition

R

Refus du biberon

Vous aimeriez bien passer la main au papa ou à la grand-mère ? Vous l'avez mis d'autorité au biberon et il le refuse, ne se calmant qu'au sein. Rien de plus normal, sein ou biberon, ce n'est pas tout à fait la même chose à l'odeur, au toucher, au goût. Il peut lui falloir du temps pour s'y habituer. En commençant peut-être par lui proposer ce biberon dans un autre lieu que pour le sein. Ou en tirant le lait maternel pour le donner au biberon, une première étape. Pas d'inquiétude, il ne se laissera pas affamer…

▶ *Voir aussi* ***Faim***.

Régime

N'y pensez plus ! S'il est potelé, rien de plus naturel. Au moins au début, il grossit plus qu'il ne grandit. Puis, vers 8 mois, sa courbe de poids s'aplatit pour atteindre une pente qui lui est propre. Cette courbe est particulièrement utile pour repérer rapidement les petites erreurs diététiques au moment de la diversification : des aliments trop riches, du point de vue de l'énergie, inappropriés dans leur composition. Il est alors facile de rectifier le tir en donnant les bons aliments aux bons moments.

Régurgitations (reflux)

Est-il normal que Bébé régurgite ? Oui ! Un reflux n'est une maladie, à soigner avec des médicaments, que dans de rares cas. Le reflux se produit de l'estomac vers l'œsophage et même la bouche. Les régurgitations sont le résultat de ce reflux.

À quelques jours ou semaines, et dans ces conditions d'alimentation, liquide exclusivement, ne pas régurgiter serait (presque) anormal ! Ainsi, si l'on rapporte le volume du biberon au poids de sa maman (par exemple pour une femme pesant 60 kg), une tétée équivaut à un litre et demi de liquide et autant d'air à boire en sept minutes, cinq ou six fois par jour… Quel adulte n'aurait-il pas de reflux dans de telles conditions ?! Pour rappel, le volume de l'estomac d'un enfant de 5 mois est de 150 ml et celui de son œsophage en amont, de 5 ml seulement… Les régurgitations sont donc quasi inéluctables !

Les régurgitations du nourrisson ne lui font pas mal, c'est simplement désagréable d'être brusquement barbouillé de lait ; elles cessent habituellement à la diversification ou au plus tard à l'âge de la marche.

Enfin, un reflux du nourrisson ne pose de vrai problème que si une œsophagite, conséquence du reflux acide sur la muqueuse de l'œsophage (non équipée pour supporter de l'acide), peu fréquente à cet âge, a été dûment confirmée. Pour cela, l'endoscopie, un examen simple, qui consiste en un « aller et retour » du fibroscope (en gros, un très fin tuyau muni de miroirs). La manœuvre est terminée en cinq minutes tout au plus.

Il ne faut pas mettre sur le dos d'un hypothétique reflux tout et n'importe quoi : pleurs, otites, laryngites, réveils nocturnes, etc. Enfin, des régurgitations ne doivent pas cacher la forêt et en particulier ne pas être confondues avec des vomissements, témoins éventuels d'une sténose du pylore (la jonction entre l'estomac et l'intestin en aval, ici resserrée) ou d'autres pathologies (une allergie au lait de vache, par exemple).

Un « régurgiteur » qui ne grossit plus pose également question. Peut-être une « faute » diététique (comme de trop gros volumes pour l'âge, ou des erreurs de reconstitution) ?

Pour les régurgiteurs « fous », on sort la panoplie : un bavoir, un lait AR (antirégurgitations) et le proclive ventral (où bébé est placé sur le ventre et en déclivité à 30°) pour le rot. On peut compter sur « patience et longueur de temps » pour améliorer la situation.

Ressemblances

Le nez de son papa, la bouche de sa maman, les yeux de sa grand-mère... Ce jeu des ressemblances qui commence au premier cri n'est pas tout à fait un hasard.

Chacun de nous abrite dans chacune de ses cellules 23 paires de chromosomes. Chacune de ces paires provient pour moitié du gamète de la mère (l'ovule) et pour moitié de celui du père (le spermatozoïde). Les chromosomes, étant un ensemble de gènes, constituent à eux tous le génome, notre patrimoine génétique – en tout trois milliards de nucléotides (l'unité de base des gènes).

Ce qui rend le jeu des ressemblances si aventureux, c'est que chaque personne hérite d'un bagage génétique unique, qui lui est propre, qui n'est pas celui de son frère ou de sa sœur, même s'il s'en approche plus que pour n'importe quelle autre personne.

Le bébé est donc le résultat d'une combinaison à nulle autre pareille. Parce que le noyau de chacune des cellules sexuelles destinées à se rencontrer, le spermatozoïde et l'ovocyte, ne contient qu'un seul brin de chaque paire, venu des grands-parents (qui l'ont eux-mêmes hérité de leurs parents, etc.). Et que, lors de la conception, avec tel ou tel spermatozoïde plutôt qu'un autre, le hasard de cette rencontre unique creuse la différence. Or de minuscules changements du génome suffisent à déterminer un phénotype particulier : ce que l'on voit du bébé à l'œil nu, et non plus ses cellules ou ses organes.

Dernier facteur de sensibles modifications, l'épigénétique, c'est-à-dire l'influence de l'environnement maternel, de son alimentation notamment, qui s'exerce dès la conception. L'expression des gènes peut en être modulée, à petites touches là encore.

On sait juste que le bleu des yeux est une caractéristique récessive, autrement dit qu'il devra être présent sur les deux gènes, de la mère et du père, pour être exprimé. Il est sinon pulvérisé par le caractère dominant de la couleur marron. Idem pour la couleur des cheveux blonds, récessive elle aussi.

Tout son père ?

Impossible ! Fille ou garçon, l'expression de la contribution paternelle paraît comme effacée la première année. Ainsi, d'après les observations des chercheurs, entre 0 et 6 ans, les filles ressemblent plus à leur mère qu'à leur père. Par contre, dès 1 an, les garçons se mettent à ressembler à leur père. L'attribution de la ressemblance au père serait une sorte de « manipulation » sociale, destinée à le conforter dans sa paternité…

Réveil nocturne

Tout petit, s'il se réveille et crie la nuit, c'est sans doute qu'il a faim, très accessoirement qu'il est sale ! Plus tard, un bébé (devenu jeune enfant) se réveille naturellement en deuxième partie de nuit à chaque changement de cycle. Or ceux-ci, à cet âge (vers 1 an), restent courts… Il se réveille donc et se rendort seul, à condition qu'il n'ait pas pris l'habitude de s'endormir dans les bras, en caressant l'oreille de sa maman ou en lui tortillant les cheveux. Il voudrait alors reproduire le même rituel à chaque éveil. La solution ? Le reconditionner à l'endormissement ou au réendormissement : l'enfant doit être placé réveillé dans son lit, installé avec son doudou à portée de menotte. Point de massage, de berceuse ou de biberon qui s'éternise !

Bib ou pas ? Un enfant en bonne santé, qui n'a pas de troubles digestifs et n'est pas un ex-grand prématuré n'a ni soif ni faim s'il se réveille la nuit. Et lui donner un biberon à ces moments peut chahuter son cycle de la faim et de la soif. À l'inverse, un bébé né trop petit ou qui ne prend pas suffisamment de poids doit être réveillé la nuit pour un biberon supplémentaire, en suivant les indications du médecin bien sûr.

▶ *Voir* ***Faim***.

Rhumes à répétition

Il est toujours enrhumé ? Naturel là encore. On compte qu'il lui faudra faire une cinquantaine de rhumes, résultats de la rencontre avec un bataillon de (rhino)virus, pour se fabriquer une immunité en béton. De quoi largement l'occuper, lui et ses voies respiratoires, pendant quelque temps, les cinq premières années de sa vie. La solution ? Désinfections rhinopharyngées à répétition !

▶ *Voir* ***Mouchage***.

R Rototo

Dans la foulée du biberon ou de la tétée… Promenade en position verticale droit contre soi, la tête calée sur votre épaule (dûment recouverte d'un linge !), tapotage doux dans le dos facilitent l'expulsion d'une bulle d'air, le rot.

Bébé boit en un biberon l'équivalent d'une bouteille d'un litre et demi d'eau gazeuse pour nous, relativement à son poids. Et ce, en une fois et très rapidement. Normal dans ces conditions d'expulser de l'air par la bouche. On peut minimiser le risque en fractionnant le repas et en lui faisant faire un petit rot intermédiaire, s'il le veut bien ! Au sein, Bébé avale plus doucement et moins d'air, ce qui laisse le temps à son minuscule estomac d'intégrer le volume de la tétée. Le rot est du coup moins spectaculaire.

▶ *Voir aussi* ***Régurgitations (reflux)***.

S

Sieste

Sevrage

Sécheresse de la peau

Surgelés

Surdité

Sommeil

Strabisme

Sein (allaitement au sein)

S comme Suppositoire

Sens

Spasme du sanglot

Stérilisation

S

Sécheresse de la peau

▶ Voir **Peau sèche**.

Sein (allaitement au sein)

L'allaitement n'est parfois pas si naturel, il peut être émaillé de difficultés plus ou moins importantes que l'on gère au coup par coup, avec l'aide d'une sage-femme par exemple, ou d'une association locale d'aide à l'allaitement. Il y a toujours une solution !

Le sein est une glande (mammaire) entourée d'un tissu conjonctif et d'un tissu adipeux (surtout). Son volume n'est donc pas un indicateur fiable de la production de lait à venir.

Une fois sécrété sous l'influence de la prolactine, puis excrété grâce à l'ocytocine (la sécrétion de ces deux hormones étant stimulée par la succion du mamelon et la vidange régulière des « acini »), le lait est éjecté par les canaux galactophores vers le mamelon. Il est d'abord désaltérant, puis satiétogène (Bébé est rassasié) parce que plus riche en lipides.

L'enfant doit être mis au sein (sans attendre ses cris d'indignation !), le visage face au sein et le ventre contre celui de sa mère, bouche grande ouverte englobant le mamelon jusqu'aux limites de l'aréole, tête légèrement basculée en arrière et menton collé au sein. Un sein puis l'autre (une dizaine de minutes pour chaque sein) et à la tétée suivante, on commence par le second avant de revenir au premier. Ce qui permet de stimuler efficacement la montée laiteuse. Par ailleurs, Bébé profite ainsi plus sûrement du lait riche en lipides de fin de tétée. En cas de prématurité (quand l'enfant n'est pas vingt-quatre heures sur vingt-quatre avec sa mère), une mise au sein régulière ou l'utilisation d'un tire-lait suffisent à déclencher une bonne montée laiteuse.

Lors des premières succions, on est plus sensible aux « tranchées » déclenchées par la sécrétion d'ocytocine (l'hormone de l'accouchement qui fait se contracter l'utérus), particulièrement si ce bébé n'est pas le premier. Pour soulager la douleur, des antalgiques simples (pas d'antispasmodique).

En cas de crevasse, il faut revoir la position d'allaitement, éviter d'appuyer le doigt sur le sein pour dégager le nez du bébé, étaler sur l'embryon de crevasse le lait de fin de tétée, qui est cicatrisant, adopter un « bout de sein » le temps de la cicatrisation et renoncer au tire-lait qui aggrave les lésions.

Autre difficulté, l'engorgement, lorsque le nouveau-né n'arrive pas à bien téter au tout début. Il est conseillé de doucher le sein à l'eau chaude, de masser l'aréole en exprimant le lait du mamelon et, quand le sein est plus souple, de mettre le bébé au sein et d'appliquer s'il le faut une pommade anti-inflammatoire.

Une lymphangite (un « trait » d'inflammation) née d'une stase laiteuse ne signifie pas que le lait soit infecté : mieux vaut alors donner le sein plusieurs fois par jour (10 à 12 fois) en commençant par le sein douloureux (qui l'est extrêmement). Un abcès, dont on peut palper le noyau dur, donne de la fièvre (davantage qu'une lymphangite), laisse sur la compresse une trace jaunâtre et ne contre-indique pas l'allaitement (au sein controlatéral).

En cinq à dix minutes, Bébé prend l'intégralité du lait d'un sein. Inutile donc de le laisser « tétouiller » plus longtemps, même s'il y prend du plaisir (non nutritif). Mieux vaut qu'il avale la seconde partie de son repas, dans l'autre sein.

Sens

Ils sont cinq, opérationnels dès la naissance et sûrement même avant : l'ouïe, le toucher, l'odorat, le goût et la vue, le dernier à se mettre en place. La naissance n'est pas le début de sa vie… Vers 6-7 mois par exemple, le fœtus entend bien, il est ainsi bercé par la voix de sa mère, des comptines, de la musique. Une imprégnation, non homogène d'un enfant à l'autre, qui introduit les prédilections… En résumé, le fœtus se prépare à naître.

À la naissance, il est bombardé d'informations sensorielles qui ne se croisent pas, ondes sonores, vibrations tactiles, etc., dans un monde par essence compliqué. Un nouveau-né perçoit par tous ses sens.

Pour apprivoiser ces complexités, le nouveau-né, doté de sens et d'un cerveau, se sert de ses atouts… Et tente de rétablir une certaine cohérence pour évoluer dans un monde stable. S'il est placé en situation difficile, incompréhensible pour lui, il ne répond pas. Ce n'est qu'à partir de 3-4 mois, quand il a engrangé des informations et acquis quelques compétences, qu'un nourrisson peut effectivement regarder, envisager, une situation jugée insolite à la naissance.

Le nouveau-né vit donc un état transitoire où il essaie d'appréhender son environnement, avant l'âge « nourrisson », de curiosité, où il est capable de réagir à ce qu'il ne comprend pas.

Sevrage

Temps d'arrêter ? Si décidément vous ne voulez ou ne pouvez plus allaiter, le plus simple est de faire en sorte que la sécrétion diminue en douceur, naturellement. En stimulant moins le sein durant la journée par exemple (les tétées sont moins productives), en le proposant donc moins, pour ne garder que les principaux « repas », du matin et du soir. Le dernier sera celui du matin. Pour freiner la lactation, une solution phyto (persil et/ou menthe) et homéopathique : les anti-inflammatoires homéopathiques que sont Apis mellifica et Bryonia 9 CH (cinq granules de chaque trois fois par jour) interrompent la montée de lait au moins aussi bien, les effets indésirables en moins (des vertiges), que le médicament allopathique autrefois de référence.

Avant

Il ne fallait plus boire et/ou se bander les seins…

S

Sieste

Il en fait un peu toute la journée, au moins les premières semaines, le temps que ses cycles se structurent. Puis, seulement en milieu de matinée et l'après-midi, et enfin, en grandissant, juste l'après-midi. Naturellement, vous en profitez, surtout les premières semaines, pour grapiller quelques instants de sommeil... et récupérer.

▶ *Voir **Sommeil**.*

Sommeil

Il dort beaucoup et c'est naturel. À 1 mois, il lui faut (en principe !) environ dix-huit heures de sommeil par vingt-quatre heures, réparties en cycles de deux à trois heures. En un mois, il comprend ce que sont le jour et la nuit, d'autant plus volontiers que vous l'y aidez en laissant la maison vivre la journée, sans black-out, et qu'il dort et qu'il dort la nuit sans lumière et sans parlote.

À vous de vous adapter à Bébé ! Dans la journée, par exemple, faites une microsieste à l'heure de l'un de ses repos, histoire de recharger vos accus. Vos nuits ne seront pas toujours tranquilles...

À l'âge de 6 mois, il dort environ treize à quatorze heures. Une moyenne, puisque comme chez les adultes, les bébés peuvent être de petits ou de gros dormeurs.

La qualité du sommeil est différente de celle des adultes, avec une grande part de sommeil agité (le sommeil paradoxal), celui des rêves, où le cerveau fonctionne à plein régime, engrange ses souvenirs et ses expériences.

À l'âge de 1 an, réveillé vers 8 h avec l'ouverture des volets, les bruits non assourdis d'une maison qui s'éveille, il fait habituellement encore deux siestes, l'une vers 10 h, la seconde en début d'après-midi.

▶ *Voir aussi* ***Sieste***.

Spasme du sanglot

Il est très « colère » : on ose lui refuser ou lui retirer un jouet… il pleure, bloque sa respiration et, privé d'oxygène, devient tout pâle, la bouche violette, est alors mou comme un Chamallow, perd parfois même conscience. Le temps qu'il reprenne sa respiration spontanément et tout rentre dans l'ordre. Mais il vous a fait une belle frayeur ! Non, ce n'est pas une crise d'épilepsie, juste un spasme du sanglot et pour éviter la récidive, on fixe tranquillement les limites. Et ce n'est qu'un début !

Stérilisation

Parfaitement inutile ! Le biberon peut être en verre ou en plastique – depuis 2011, il n'y a plus de bisphénol A, pertubateur endocrinien avéré, dans les biberons. L'un et l'autre matériaux sont aujourd'hui parfaitement sûrs. Il doit être lavé à l'eau chaude et au savon tout simplement, en insistant bien sur les parties à risque d'accumulation de lait séché (bague et tétine), avec un goupillon, après chaque repas. Et préparé avec des mains propres.

Avant

Nos mamans stérilisaient les biberons et tétines dans des cocottes « étudiées pour », des stérilisateurs, ou en les plongeant dans des liquides chimiques (chlorés). Ouste ! et ouf, un appareil encombrant de moins, d'autant plus inutile que les tout-petits mettent tout à la bouche et font ainsi leurs premières armes antimicrobes.

Strabisme

Il louche ? L'un de ses yeux dévie parfois quand il vous fixe, vous ou un objet ? Par intermittence durant les premières semaines, c'est normal, le temps que les muscles des globes oculaires soient tout à fait au point.

Au-delà de 2-3 mois, quand l'enfant peut suivre un objet des yeux, on consulte son médecin de famille ou un pédiatre, puis un ophtalmo pédiatrique. En effet, si tout le circuit visuel est en place, il doit être convenablement utilisé pour fonctionner à plein régime, au mieux de ses capacités : la période de mise en place de la vision binoculaire (à deux yeux) se termine vers 1 an et la maturation de l'acuité visuelle se poursuit jusqu'à 7 ans.

Si l'œil dévié est constamment le même, le bébé apprend à travailler sans. Cet œil « paresseux », amblyope en langage docteur, doit être rééduqué, le bon œil étant recouvert d'un pansement adhésif et occlusif jour et nuit pendant trois à six semaines.

Ce dispositif doit être porté environ la moitié du temps d'éveil afin de faire travailler l'œil qui tourne, le plus « faible ». Une déviation persistante de l'œil à l'âge de la maternelle étant du ressort du chirurgien.

Astuce

Un bon moyen de vérifier que cet œil « déviant » mérite une consultation, une photo prise de face et au flash : les reflets de la pupille de l'un et l'autre œil ne sont pas symétriques, c'est-à-dire pile au centre si la photo est prise de face.

Surdité

Vous voulez être sûr qu'il entende bien ? Déjà, un examen de repérage (d'une surdité néonatale) vous a été proposé à la naissance – c'est, ou cela devrait être, systématique depuis 2012. Un test fiable à 98 %. Si cet examen de dépistage n'a pas été fait pour une raison ou pour une autre, ou n'était pas suffisamment informatif, une consultation avec un ORL est programmée dans les semaines qui suivent. Plus tard, pour des surdités consécutives à une succession d'otites (séreuses, qui engluent le tympan), c'est sur ses « réflexes d'orientation » que l'on peut avoir la puce à l'oreille (!), c'est-à-dire ses réactions au bruit des pas, d'un claquement de porte, etc.

S comme Suppositoire

Très pratique quand Bébé est nauséeux ou endormi. À condition de l'introduire par le bon côté, le côté plat (oui, ça semble peu logique, mais c'est ainsi !).

Surgelés

Bons ou pas bons ? Certes, le légume ou le fruit frais est le meilleur, bio idéalement, au goût aussi, à condition de bien le choisir (*exit* la salade flétrie, la tomate achetée hors saison ou la courgette spongieuse) et de le conserver au frais et à l'abri de la lumière, sans l'oublier dans le bac *ad hoc*. Enfin, il doit passer, sans y laisser ses plumes (vitamines et minéraux), l'épreuve de la cuisson...

Les surgelés sont congelés aussitôt après la cueillette mais – c'est là que le bât blesse et que l'on s'éloigne du frais – ils doivent être blanchis (un traitement minimal pour inactiver les enzymes qui pourraient les altérer, à l'origine du brunissement, d'une pomme coupée notamment). Cela dit, un surgelé « brut » est toujours préférable à une préparation surgelée, qui multiplie les étapes de cuisson.

T

Température

Testicules

Tétine ou pouce ?

Thermomètre

Talc

Torticolis

Tests de diagnostic rapide

Tétée

Toilette des peaux les plus fragiles

T

Talc

Résistons à cette envie de poudrer les fesses de Bébé et ses plis piégeux… Certes, le talc absorbe les corps gras (il est d'ailleurs présent dans nombre de déodorants). Toutefois, pulvérisé en trop grandes quantités, il forme une sorte de mastic abrasif (comme un fin papier de verre), qui produit l'effet inverse de celui qui est souhaité.

▶ *Voir aussi* ***Change***.

Température

Réflexe ! Une indication précieuse quand Bébé vous paraît mal en point. Une absence de fièvre rassure sur un certain nombre de choses, sa présence oriente le médecin. Inutile de la prendre si tout va bien. Attention, se fier à son pouls, à la chaleur de son cou ou de son front peut égarer. Rien ne vaut un thermomètre pour en avoir le cœur net. Éventuellement ses petites mains, qui doivent rester fraîches et bien colorées.

▶ *Voir aussi* ***Fièvre***.

Tests de diagnostic rapide

Voici quelques tests couramment utilisés par votre médecin ou pédiatre.

- Un test irremplaçable pour dépister une éventuelle infection urinaire : les bandelettes urinaires. Un tout-petit ne peut pas décrire ses symptômes et la fréquence des mictions est difficile à apprécier dans une couche ! Le médecin trempe donc la bandelette dans un petit pot contenant un peu d'urine de Bébé et y lit la présence ou non des témoins d'une infection. S'ils sont absents, inutile de poursuivre sur cette voie.

- Un autre test de diagnostic rapide est celui des angines, qui permet de déterminer celles qui nécessitent un traitement antibiotique parce que d'origine bactérienne (un streptocoque) versus les angines virales. Mais en réalité, avant l'âge de 3 ans, les maux de gorge ne sont qu'exceptionnellement dus à une bactérie et ne nécessitent pas d'antibiotiques (et pas de test !).

- En période de grippe, le médecin peut s'aider aussi d'un test de diagnostic de la grippe pour être sûr de son diagnostic s'il s'agit de protéger l'entourage, par exemple un proche dont les poumons sont fragiles ou une femme enceinte (qui se tiendront alors le plus possible loin de Bébé).

T

Testicules

De la taille d'un petit gland de chêne, ils sont bien à l'abri dans les bourses (le « scrotum » en langage docteur) mais parfois, l'un d'entre eux est resté au niveau de l'aine (en position inguinale). C'est le médecin qui vérifie lors des différentes visites, qu'ils sont bien descendus ou, à défaut, qu'ils sont palpables dans l'aine.

Ils descendent naturellement avant l'âge de 3 mois dans une grande majorité des cas et avant 1 an pour les deux tiers. À 1 an, on envisage leur situation : toujours « coincé » en haut, retenu par une adhérence, ou oscillant (entre haut et bas dans la bourse, selon la température extérieure par exemple) ? La nature du traitement en dépend. Quoi qu'il en soit, il est temps de le faire descendre pour qu'il soit à la bonne température dans sa bourse.

T

Tétée

Bébé prend 90 % du contenu d'un sein en cinq minutes environ. Il est par conséquent inutile de le laisser plus de dix minutes à chaque sein. Sinon, il risque de s'endormir, épuisé par l'effort de succion (une vraie ventouse !), sans avoir goûté l'autre sein. Il n'aura alors bu que la moitié de son repas… et ne prendra que la moitié du poids attendu.

À chaque tétée, pour qu'il ait la bonne quantité de lait, il doit rester à chaque sein une dizaine de minutes, un sein, puis le second ; et à la tétée suivante, on commence par le second de la tétée précédente, pour que chacun des seins soit stimulé dans une journée de la même façon, avec la même vigueur.

Avant

Bébé restait au sein, à un sein, trop longtemps, vingt à trente minutes, ce qui ne servait à rien puisqu'il ne restait plus de lait. Par ailleurs, cette tétée qui s'éternisait abîmait les seins et décourageait la maman, puisque la prise de poids était insuffisante. On passait alors au biberon sur cette fausse croyance que la quantité et/ou la qualité du lait maternel ne convenait pas au bébé.

T

Tétine ou pouce ?

La succion est un réflexe inné, dès la 13e semaine dans le ventre de la maman, un réflexe de survie quand elle est « nutritive ». En revanche, la succion « non nutritive », affective, du pouce ou d'une tétine (plus facile à attraper que le pouce avant 3 mois), n'est pas indispensable. Les bébés nourris au sein, en quelque sorte repus de succion, ont d'ailleurs moins recours à ces succions non nutritives.

Après 1 an, et les premiers « da-da » ou « pa-pa » (quand la voie de la voix, la bouche, est libre !), tétine et pouce ne sont pas sans inconvénient. Les déformations provoquées par la tétine, même physiologique ou orthodontique (souvent du pur marketing !), sont toutefois plus importantes que celles produites par le pouce, pourtant plus dur. Sans doute parce que l'emploi de la tétine est plus fréquent et prolongé. Jouer avec un doigt dans la bouche est sûrement plus acrobatique !

Mieux vaut donc ne pas encourager ces succions « non nutritives » pour éviter que ne soit durablement perturbé le développement de la bouche (palais trop étroit, mâchoire du bas en arrière et bouche entrouverte).

Pour décrocher en douceur, voici quelques astuces : si le pouce ne peut être laissé à la maison (!), tétine et doudou (compagnon du pouce) doivent le rester, au risque sinon que ce reflexe de succion ne devienne une habitude très ancrée, impossible à perdre.

À l'entrée au CP, les déformations seraient quasi irréversibles et un traitement orthodontique indiqué, pour une durée de 1 an en moyenne : il s'agit alors d'élargir la mâchoire supérieure avec une plaque à vérin, gloups.

Puisqu'un enfant est capable de rester une journée d'école sans tétine ou doudou, aucune raison qu'il ne le soit pas à la maison. Et s'il commençait par ne plus s'en servir en dehors de sa chambre, puis de son lit ? Autre solution, ritualiser l'arrêt, en rassemblant toutes les tétines de la maison, pour les accrocher dans un arbre (à la danoise) et fêter ce grand moment.

Beaucoup plus tard, vers 5 ans, une visite « commentée » chez l'orthodontiste suffit à convaincre la plupart des enfants, alors en âge de comprendre… et de renoncer à l'un et à l'autre.

Avant

La tétine était considérée comme dangereuse. Malpropre, elle était accusée de fatiguer l'enfant, de faciliter l'absorption d'air et de gêner ainsi sa digestion, de déformer ses mâchoires encore « molles ».

Thermomètre infrarouge

La méthode de référence ? Le thermomètre électronique flexible par voie rectale, la prise axillaire (sous l'aisselle) chez le nouveau-né étant comparable à la mesure rectale. En cas de difficulté, pour les plus de 2 ans, le thermomètre infrarouge auriculaire ou temporal.

▶ *Voir* ***Fièvre*** *et* ***Paracétamol****.*

T

Toilette des peaux les plus fragiles

Attention, ne pas se fier au volume de mousse pour juger de l'efficacité d'un produit lavant, d'autant que les corps gras qui entrent dans sa composition étouffent le développement de la mousse. Par ailleurs, après quelques semaines de vie, la peau de Bébé est légèrement acide (son pH dépend de l'activité enzymatique à la surface de la peau). C'est dans ce milieu légèrement acide (loin du pH d'un savon de Marseille, donc !) que la synthèse des lipides de surface, protecteurs, est possible. On le préserve avec des produits nettoyants sans savon, gorgés de corps gras, des huiles émollientes lavantes par exemple, appliquées sur peau humide, puis rincées rapidement comme pour un gel douche, le tout à température tiède (33-34 °C). Pas de trempette prolongée avec des jouets pour ces peaux fragiles. On sèche avec une serviette douce en tapotant et, pour que la peau garde au maximum son eau, on applique aussitôt un produit de soin, un émollient, baume, crème ou lait selon le degré de sécheresse. Le rythme conseillé de ce bain/soin ? Une fois tous les deux jours.

Réflexe

Pour une toilette respectueuse... Il s'agit ici de préserver le film hydrolipidique de surface pour que la peau, cet extraordinaire et très étendu lieu d'échanges, soit protégée. Laver le corps à la main et le siège au gant, avec un produit lavant sans savon, rincer et sécher soigneusement les plis, une fois tous les deux jours possiblement, ses fesses dès que la couche est sale. Une main (propre !) toujours posée sur le bébé, pour empêcher ou repérer un changement brutal de position, avant la chute...

T

Torticolis

Logé trop à l'étroit juste avant l'accouchement, Bébé s'adapte pour trouver de la place en inclinant sa tête, à cet âge très grosse par rapport au reste de son corps et surtout « dure ». La seule partie mobile en dessous de la boîte crânienne est donc le cou… qu'il tord. La tête est inclinée d'un côté et légèrement en rotation, du côté opposé à la naissance, Ce torticolis se résout souvent sans intervention extérieure dès que Bébé n'est plus soumis aux contraintes d'espace.

Parfois apparaît sur le muscle du cou, du côté du torticolis, une « olive », une petite boule dure. Ce signe, éventuellement associé à une plagiocéphalie (le crâne est plat du côté opposé au torticolis, au niveau de l'occiput), est révélateur d'un torticolis congénital. À régler rapidement, avec un chiropracteur par exemple, avant l'âge de 3 mois, pour que le nouveau-né puisse se construire tranquillement… et verticalement !

Pour aider à la manœuvre et mobiliser le cou de la façon la plus fluide et naturelle possible, une kyrielle de petits moyens : déplacer le lit, ou la lumière et/ou le mobile de manière à ce que Bébé tourne la tête d'un côté, puis de l'autre.

Pour en savoir plus, visitez le site de l'Association française de chiropraxie : www.chiropraxie.com.

▶ *Voir aussi* ***Chiropraxie****,* ***Ostéopathie*** *et* ***Plagiocéphalie****.*

U

Urgences

U

Urgences

Parce que c'est Bébé, aux premiers pleurs, cris, etc., dont on identifie mal l'origine, on s'inquiète plus vite… Dans la grande majorité des cas heureusement, le problème trouve sa solution très rapidement, à la maison.

Par contre, mieux vaut filer aux urgences ou consulter rapidement si décidément la fièvre ne décroche pas (même avec le paracétamol), si elle est mal supportée (Bébé est très grognon ou très apathique), si des signes associés se manifestent, comme des vomissements, des cris de douleur très aiguë (une otite ? sur un rhume), etc. La fièvre ici ne passerait pas toute seule et la maladie qu'elle révèle non plus… Pour guérir Bébé, il faut peut-être des antibiotiques (finalement assez rarement) et surtout des soins ciblés, sur le nez, l'oreille, son ventre, sa vessie, etc.

▶ *Voir aussi* ***Annexes*** *p. 206-212.*

Végétations

Vaccins

V

V comme Vue

Vegan

Vitamine D

Vitamine K

V Vaccins

En ces temps de discussion tous azimuts sur les avantages et les inconvénients des vaccins, voici quelques certitudes !

Les vaccins ont rendu et rendent encore d'immenses services, chez nous et ailleurs… *Exit* la poliomyélite ou la diphtérie, par exemple. La vaccination contre ces maladies « historiques » était, au moment de la création de ces vaccins, obligatoire pour se protéger, soi essentiellement, des effets de microbes à l'origine de maladies gravissimes. Le vaccin, en effet, s'il protège le cerveau du virus de la polio, ne l'empêche pas d'habiter notre intestin… et de contaminer possiblement d'autres personnes. Idem pour le vaccin antidiphtérique, bouclier individuel uniquement vis-à-vis de la bactérie « diphtérique » qui, elle, reste tapie dans les voies respiratoires notamment. Enfin, la vaccination contre le tétanos est « égoïste » elle aussi (elle ne protège que soi de la bactérie « tétanique »).

Les incohérences de la cohabitation

Le doute sur la légitimité des vaccins est en partie lié à la confusion entretenue par le fait que cohabitent vaccins obligatoires (les plus anciens) et recommandés (les plus récents), au moins jusqu'à ce 1er janvier 2018. Comme si les « recommandés » étaient moins efficaces ! Ce n'est pas le cas, c'est simplement que, autre époque, autre façon de faire. Avant le 1er janvier donc, les autorités de santé estimaient que le dialogue avec les parents était préférable pour convaincre, plutôt que d'imposer la vaccination.

Couverture trop légère

Or aujourd'hui, seuls deux des vaccins recommandés (contre la coqueluche et contre l'haemophilus) atteignent les objectifs de couverture vaccinale – qui permettent une bonne protection de soi-même et des autres. Et si les maladies à vaccin obligatoire ont disparu en France, ce qui contribue d'ailleurs à ce que le public voie parfois mal l'intérêt du vaccin, certaines maladies à vaccin recommandé sévissent toujours. Ce sont elles qui, désormais, posent problème… alors que la solution, vaccinale, existe ! Ainsi, la rougeole, susceptible de provoquer des décès et des complications très graves (avec des séquelles neurologiques, auditives, etc.). Ou encore la coqueluche qui, simplement gênante pour un adulte, peut être catastrophique pour un bébé non encore protégé par la vaccination. Vaccins obligatoires et recommandés coexistaient donc sur le calendrier vaccinal, régulièrement mis à jour en fonction des avancées de la science.

Nouvelles dispositions vaccinales

Ces vaccins, 11 au total, que l'on fait avant l'âge de 2 ans, sont désormais obligatoires, sans dérogation possible (si l'on veut entrer en crèche ou à l'école) ni sanction (pas d'amende), pour les enfants nés à partir du 1er janvier 2018. Il s'agit des vaccins contre la diphtérie, le tétanos et la polio. Mais encore contre la coqueluche, la rougeole, les oreillons, la rubéole (le ROR), l'hépatite B, l'haemophilus influenzae, les pneumocoques et le méningocoque C.

V

Un calendrier plus simple... et moins de piqûres !

Le calendrier vaccinal a été simplifié ces dernières années pour ne pas piquer Bébé trop souvent : premier rendez-vous à 2 mois pour une première injection d'un vaccin qui comprend six valences (contre six maladies), puis le second à 4 mois, avant un rappel à 11 mois. Avec ce vaccin hexavalent, au même moment est co-administré un vaccin antipneumococcique (en un autre point d'injection bien sûr) à 2 et à 4 mois ; un rappel de ce vaccin à 11 mois ; une première injection de vaccin rougeole/oreillons/rubéole avec le vaccin antiméningocoque C à 12 mois ; enfin, entre 16 et 18 mois, le second vaccin rougeole/oreillons/rubéole. En cinq rendez-vous vaccinaux (et dix injections) jusqu'à 18 mois, l'ensemble des obligations et recommandations vaccinales sont remplies.

▶ *Le calendrier vaccinal est indiqué dans le carnet de santé. Discutez-en aussi avec votre médecin généraliste ou votre pédiatre.*

On oublie

Le vaccin contre le BCG (le bacille de la tuberculose) n'est plus obligatoire, excepté pour certaines familles exposées à un risque élevé (en provenance de pays où sévit encore la tuberculose notamment).

Et si ?

Une infection virale banale, un gros rhume, une toux sèche ou grasse n'empêchent pas la vaccination. On décale simplement les injections de quelques jours en cas de forte fièvre, pour ne pas solliciter le système immunitaire sur trop de fronts en même temps.

Les raisons de la défiance...

... et de cette désaffection vis-à-vis des vaccins recommandés ?

Notre cerveau surtout ! Celui-ci multiplie inconsciemment par 10 ou par 15 les probabilités d'incidents post-vaccinaux annoncés : la possibilité d'un effet indésirable est certes très faible, mais pas nulle, et si l'on se saisit de cette infime probabilité, elle est artificiellement augmentée de façon intuitive. Par ailleurs, le soupçon, entretenu par un manque d'information, détruit la confiance et les vaccins ont fait l'objet ces dernières années de moultes controverses. Ainsi non, le vaccin contre l'hépatite B ne provoque pas de sclérose en plaques et surtout pas à l'âge nourrisson de la vaccination. Les médecins en particulier sont là pour expliquer, à la demande, le pourquoi du comment de tel ou tel vaccin.

Enfin, les psychosociologues observent que si nous avons une facilité particulière à concevoir les conséquences d'une action, en l'occurrence la vaccination, nous sommes aveugles aux conséquences de notre inaction et donc d'un défaut de vaccination. Et ce, d'autant plus que ces maladies deviennent rares, et leurs conséquences peu visibles.

Et pourtant... 20 cas par an de méningite à haemophilus sont aujourd'hui notifiés en France (contre 600 avant la vaccination) et ces cas concernent tous des enfants non ou insuffisamment vaccinés ; 23 300 cas de rougeole entre 2008 et 2014, 34 complications neurologiques et 10 décès pour cette maladie très contagieuse, un enfant infecté contaminant 18 à 20 personnes...

V

Vaccin solidaire

En tête des vaccins altruistes, le vaccin contre le virus de la rubéole ! La maladie, quand elle se produit, est parfaitement bénigne, quelques boutons épars éventuellement, qui se dissolvent spontanément. Excepté quand elle est contractée pendant la grossesse : le risque pour l'enfant à naître est alors considérable. C'est pour cela que tous les nourrissons doivent être vaccinés (vers 12 mois), pour limiter la circulation du virus.

Vegan

Oubliez ! Le régime vegan (100 % végétal, sans aucun aliment d'origine animale, poisson, œufs, produits laitiers, etc.) n'est absolument pas fait pour un nourrisson en explosion de croissance. Les viandes, les poissons et les produits laitiers sont un réservoir irremplaçable de matériaux nécessaires à la « construction » d'un enfant et à sa bonne santé : acides aminés essentiels (les briques Lego des protéines), acides gras dits « indispensables » (ils ne sont pas synthétisés par l'organisme et doivent donc être fournis par l'alimentation), calcium, fer, iode, vitamines, etc.

Seule solution vegan pour des apports équilibrés, jusqu'à 3 ans, les « laits » infantiles à base de riz qui contiennent, à l'image des laits à base de lait de vache, ce qu'il faut, en quantité et qualité de sucre, de gras végétal, d'acides aminés, etc.

▶ *Voir aussi* ***Diversification*** *et* ***Petits pots.***

Végétations

À peine un traitement antibiotique est-il terminé qu'une nouvelle otite se profile, sur un fond de rhume persistant… Otites répétées et ronflements sont les signes d'une probable hypertrophie des végétations, invisibles à l'arrière du nez.

En principe à leur volume maximal entre 1 et 3 ans, les végétations involuent naturellement à partir de 7 ans pour disparaître ensuite totalement, à l'inverse des amygdales au fond de la gorge. On peut donc attendre et traiter au coup par coup les otites (des « moyennes aiguës », au niveau de la membrane du tympan)… ou opérer, en enlevant les végétations.

Les infections répétées (plus de six par an) pourraient altérer la caisse du tympan : celui-ci sécrète en effet des sérosités épaisses, ce qui est douloureux et produit une perte d'audition parfois prolongée. Autre circonstance où l'intervention peut être proposée, des difficultés à respirer par le nez, qui se traduisent par une sensation d'étouffement et des ronflements. Le sommeil, agité, n'est plus si réparateur et la croissance pourrait en être affectée. L'adénoïdectomie (enlever les végétations), habituellement réalisée entre 1 et 5 ans, est d'autant plus bienvenue dans ce cas qu'il n'existe pas de médicament pour diminuer l'encombrement des végétations. Un bémol toutefois, le résultat sur la fréquence des otites n'est pas garanti.

V

Précaution

Une « rhino » repousse de huit jours l'intervention, une bronchite (et sa toux corollaire) de trois semaines, en raison du risque d'encombrement par stagnation des sécrétions sous anesthésie.

Avant

Contrairement à ce que l'on croyait autrefois, cette intervention est envisageable tout au long de l'année. Elle est simplement moins « confortable » en été, les difficultés de déglutition post-opératoires empêchant de se désaltérer à volonté.

Vitamine D

Une vitamine aux multiples fonctions ! Son principal atout, en tout cas le plus anciennement validé, est qu'elle permet de fixer le calcium, un minéral indispensable à la croissance, des os en particulier (squelette et dentition). La vitamine D participerait aussi à la construction et à l'entretien des défenses immunitaires, protégerait de maladies de l'âge adulte (le diabète), etc.

On la trouve dans l'huile de foie de morue (bof !), les sardines, le saumon… et, plus sûrement, dans des gouttes ! Elle est aussi (et surtout) fabriquée par la peau, sous les rayons du soleil, pas vraiment indiqués pour un bébé, ce qui explique qu'on en donne en supplément, et plus volontiers si l'enfant est au sein : le lait maternel contient trop peu de vitamine D (c'est son seul défaut !). Quant aux laits maternisés, ils sont depuis un certain temps enrichis en vitamine D. La juste dose (en gouttes) doit donc être déterminée avec le médecin.

Dès la naissance, quelques gouttes chaque jour (de ZymaD), pour que cette vitamine soit correctement utilisée là où elle est nécessaire, à poser directement dans son bec pour être plus sûr de ce qu'il avale. Après 18 mois, des ampoules : une dose (de 80 000 UI – pas d'inquiétude, le chiffre paraît énorme, mais c'est la bonne dose – de vitamine D3) à l'entrée de l'hiver et la seconde en février, à l'annonce du printemps, à des périodes où l'on ne peut guère compter sur l'ensoleillement pour synthétiser son stock de vitamine D.

Avant

Nos mamies nous faisaient avaler régulièrement une cuillerée à soupe d'huile de foie de morue – la punition ! même si certaines (huiles de foie de morue, pas les mamies) sont aujourd'hui désodorisées ou parfumées au citron…

Vitamine K

Cette vitamine est indispensable à la coagulation du sang. Or un nouveau-né en a très peu en stock, et il est incapable de la synthétiser. Elle n'est pas présente non plus dans le lait maternel. C'est pourquoi, en cas d'allaitement au sein exclusif, un nouveau-né à terme reçoit une première dose de vitamine K le premier jour de sa vie, une deuxième entre le 4e et le 7e jour, enfin une troisième un mois après la naissance. En cas de prématurité,

V

la vitamine K est administrée par injection (intramusculaire ou intraveineuse) à trois reprises aussi, à la naissance, lors de la première semaine et au premier mois. L'objectif est de prévenir la survenue de la « maladie hémorragique du nouveau-né », des hémorragies surtout digestives (vers le 3e-4e jour de vie).

Avant

Les bébés devaient prendre une dose par semaine jusqu'à la fin de l'allaitement maternel exclusif.

Vue

Me voit-il, me reconnaît-il, à la naissance ou dans les jours qui suivent ? C'est l'éternelle question, tant ce sens est gage d'interactions, faute d'autre moyen de communication… Si la vision est le dernier sens à se développer (il a peu de chance d'y arriver dans l'obscurité du ventre maternel !), le fœtus devenu bébé se rattrape très vite. Même si sa vision n'est pas tout à fait au point, ses récepteurs étant en cours de maturation, il voit à une distance de 18 à 20 cm, juste ce qui convient pour envisager sa mère, son contour, au moment de la tétée ou du biberon. C'est d'ailleurs son spectacle préféré ! Au-delà, l'image est floue, puis en quelques semaines, il devient capable d'adapter son œil, une lentille (*via* le cristallin), pour que la vision soit nette à n'importe quelle distance.

Il est d'abord beaucoup plus sensible aux intensités lumineuses (au soleil en particulier). Avant 2 mois, il voit surtout le contour des objets, puis peut balayer une image, en discerner l'apparence globale, les motifs, les reliefs. Il est capable de fixer et de suivre du regard un objet qui se déplace si celui-ci est très contrasté dans le décor. Ce n'est que vers 3 mois qu'il repère les couleurs de base, rouge et vert pour commencer.

Après 6 mois, les deux yeux travaillent en synergie, ce qui lui permet de voir en trois dimensions. Ses yeux ont, à quelques exceptions près, leur couleur définitive.

Avant

On pensait, et certains pensent encore, que le bébé tout petit ne voit pas. Or on est sûr du contraire depuis au moins soixante ans (et une publication dans *Science*, revue scientifique de notoriété internationale) !

▶ *Voir aussi **Yeux**.*

Y

Yeux

Y

Yeux

Il peut avoir des petites sérosités au coin de l'œil, surtout après une sieste ou la nuit (comme nous, les adultes, ses parents !). D'autant que son canal lacrymal, par où s'écoulent les larmes, au coin interne de l'œil, est encore bien étroit les premières semaines de vie. Si l'œil est propre – il n'est pas collé et les sérosités sont claires –, il suffit d'enlever celles-ci, une fois par jour, avec un coin de compresse ou un carré de coton imbibé de sérum physiologique. En partant du coin de l'œil vers l'extérieur. On n'y met surtout pas les doigts !

Avant, au soleil

On posait sur son nez minuscule des lunettes de soleil fantaisie, ornées de Mickey ou de Kittie, avec des verres teintés. Or ces lunettes, qui ne filtrent pas les ultraviolets (UV), protègent uniquement contre l'éblouissement. Bébé garde alors les yeux grands ouverts, ce qui permet aux UV de passer, sans obstacle aucun, directement droit sur la rétine. D'autant qu'il n'est pas mûr pour cligner des yeux au soleil et activer ainsi son parasol personnel, les paupières.

Jusqu'à l'âge de 12 ans en effet, le filtre naturel des UV dans l'œil, le cristallin, n'est pas opérationnel. Ainsi, avant l'âge de 1 an, seulement 10 % des UV sont filtrés, ce qui veut dire que l'immense majorité d'entre eux (90 %) ne le sont pas. Son capital visuel en est entamé.

▶ *Voir* ***Toilette*** *et* ***Vue***.

Z

Zizi

Z

Zizi

Faut-il ou non décalotter le zizi pour mieux le laver ? Non : surtout pas de décalottage sauvage !

Au bout du pénis du bébé, tout comme chez l'adulte, le gland est orné à son extrémité d'un orifice par où sort l'urine. Le tout est recouvert par de la peau, qui s'appelle « prépuce » au niveau du gland. La face interne du prépuce adhère au gland et c'est normal. Ces adhérences, le lot habituel d'au moins neuf bébés garçons sur dix, se libéreront progressivement avant l'âge de 1 an et l'extrémité du prépuce s'agrandira, permettant un décalottage en douceur.

Pour la toilette, pas de nettoyage forcené, juste un savonnage léger, puis un rinçage au moment du change, ou plus tard à l'occasion du bain, le zizi étant naturellement propre.

Avant

Dans la crainte que le zizi reste enfermé dans sa calotte (le prépuce), on forçait le passage, au risque de provoquer des lésions qui, en cicatrisant, étranglaient le gland à sa base. Le décalottage était alors de plus en plus laborieux et douloureux, puis le recalottage impossible. Toutes conditions réunies pour un phymosis, quand le gland est étranglé à sa base par l'anneau prépucial. C'était ensuite au chirurgien d'intervenir sur ce précieux zizi...

▶ *Voir aussi* ***Toilette des peaux les plus fragiles***.

ANNEXES

1/ AU TÉLÉPHONE AVEC LE MÉDECIN, PARLONS « UTILE » !

Beaucoup des problèmes médicaux de l'enfant peuvent trouver une solution par téléphone. À condition que le médecin pose les bonnes questions... et que les parents donnent les bonnes informations, les plus utiles :

- l'âge et le dernier poids de l'enfant ;
- la date de début des troubles ;
- la fièvre s'il en a et les signes d'alarme qui l'accompagnent (des taches rouges sur les membres, une crainte de la lumière, une perte de poids, etc.) ;
- sa façon de se comporter (ce qu'instinctivement la maman ou le papa ressent comme inhabituel) ;
- sa façon de respirer (l'enfant présente-t-il une cyanose, cherche-t-il l'air ?) ;
- sa façon de manifester sa douleur éventuelle (l'enfant crie-t-il ou au contraire est-il prostré ?) ;
- le volume de ses repas (« drapeau rouge » s'il mange moins de la moitié de ce qu'il avale habituellement, depuis un à deux jours) ;
- son transit (la fréquence des selles et vomissements).

2/ À CHAQUE ÂGE, SON LAIT

À défaut du lait de la mère, qualitativement le meilleur, les laits infantiles ou artificiels valent toujours, à tous les âges, mieux qu'un lait de vache.

- Dans un lait 1er âge, que l'on interrompt à la diversification alimentaire, on trouve généralement 1,2 à 1,3 g de protéines pour 100 ml de lait, contre 3,5 g pour le lait de vache (avec à la clé pour ce dernier, un risque de surpoids et de surmenage rénal) et 1 g pour le lait de mère. Dans le lait artificiel, les graisses du lait de vache, saturées, ont été remplacées par des huiles végétales contenant des oméga-3 et des oméga-6 (absents ou quasi inexistants dans le lait de vache, présents en quantités adéquates dans le lait maternel). Quant aux glucides, lactose uniquement dans le lait maternel (alors parfaitement digestible) et de vache, souvent associé dans les laits 1er âge au dextrine maltose pour une meilleure digestibilité. Les quantités de sels minéraux et de sel sont divisées par trois dans le lait infantile *versus* le lait de vache. Enfin, les vitamines C, D et E sont présentes dans le lait infantile, C et E dans le lait maternel (ce qui explique que l'on supplémente en D), absentes dans le lait de vache.
- Au 2e âge, âge de la diversification alimentaire, c'est essentiellement sur le fer que se fait la différence par rapport à un lait 1er âge. Ainsi, le lait de suite contient 20 à 30 fois plus de fer que le lait de vache, construction des globules rouges oblige (une carence en fer perturbe le développement psychomoteur et la résistance aux infections). Le lait de femme en contient peu, mais il est très bien absorbé.
- Après 1 an, place au lait de croissance, dont l'intérêt nutritionnel est certain. Autrement, les nourrissons mangent trop de protéines (le lait de croissance divise par deux ou trois la

quantité de protéines du lait de vache) et pas suffisamment de graisses, de moindre qualité de surcroît (contenant peu d'oméga-3 et d'oméga-6), les parents choisissant souvent un lait de vache demi-écrémé, ce qui divise par deux les apports lipidiques. Or le bébé a besoin de beaucoup de lipides : 45 à 50 % des calories doivent être apportées par les graisses, le lait de vache entier et le lait de mère en contenant autant (de nature différente cependant).

Par ailleurs, la concentration des minéraux et du sel, en particulier dans le lait de vache, reste trop élevée pour un bébé. Le lait de croissance devrait donc être conseillé à tous les enfants jusqu'à l'âge de 3 ans et le prix n'est pas vraiment un obstacle : le surcoût d'un lait de croissance est de 30 à 40 centimes d'euros par jour, à comparer avec le surcoût d'une assiette bébé de légumes (2 €) par rapport à une purée maison (0,50 €). Si l'on doit faire des économies, ce n'est donc pas sur le lait !

3/ SEPT CONSEILS POUR PROFITER DE BÉBÉ, SANS CRIS NI LARMES

1. Prenez tout votre temps pour repérer la cause des pleurs (si votre oreille les supporte...).
2. Jetez un œil dans la couche, donnez un doigt à votre bébé pour tester sa faim sur la force de succion.
3. Faites-lui la conversation (quand il est éveillé !) et massez-le.
4. Il se rendort pendant la nuit comme il s'est endormi en début de nuit : il exigera donc les bras s'il a été posé dans son lit endormi, le sein s'il s'est endormi au sein.

5. Usez de la tétine avec modération (les bébés allaités sont plus vite sevrés quand ils « abusent » de la tétine ; celle-ci peut être à l'origine de troubles de l'articulé dentaire et d'un plus grand nombre d'otites).
6. Interdit de le secouer pour le calmer, bercez-le. Secouer un bébé, c'est prendre le risque d'abîmer de façon irréversible son cerveau qui ballotte dans une enveloppe rigide, le crâne. En cas de secousse, les vaisseaux qui le nourrissent sont « cisaillés », et ceci d'autant plus facilement que le bébé tient mal sa tête. S'il crie beaucoup et que vous ne supportez plus ses cris (cela arrive), couchez-le sur le dos, en sécurité, et sortez prendre l'air pendant quelques minutes ; appelez à la rescousse un voisin, une grand-mère ou le médecin de famille.
7. Résistez à la tentation de le mettre dans votre lit la nuit : le co-dodo est un facteur de risque de mort subite du nourrisson.

4/ QUAND CONSULTER EN URGENCE ?

Il est des situations où l'urgence est réelle et une consultation, à la maison, voire à l'hôpital, indispensable dans les délais les plus brefs : une très grosse fièvre chez un nouveau-né par exemple, prématuré de surcroît. Toutefois, le plus souvent, il est urgent… d'attendre, en prenant des mesures élémentaires de précaution. Dans la plupart des cas, il est en effet inutile, même si un symptôme qui surgit la nuit ou le dimanche inquiète davantage, d'encombrer les urgences à l'hôpital et d'y glaner quelques microbes supplémentaires ! Voici les moyens de faire face aux symptômes les plus fréquents.

Il a de la fièvre

Signe précieux, la fièvre peut être très inconfortable et mal tolérée, en particulier par un nourrisson (davantage s'il est né prématuré). Une sonnette d'alarme donc, mais qui ne renseigne pas sur la nature de l'agresseur ni sur la gravité de l'affection. Ainsi, la fièvre peut être très élevée pour une infection virale qui se résoudra spontanément en vingt-quatre à quarante-huit heures ou, à l'inverse, s'éterniser à petit feu (38 °C) si l'on méconnaît une infection pulmonaire, par exemple.

L'objectif prioritaire, en « apprivoisant » la fièvre, est d'éviter la déshydratation ou l'hyperthermie majeure (rarissime). La fièvre est en effet utile : c'est grâce à elle que l'organisme mène son combat pour terrasser les microbes.

Pour rendre plus confortable cette fièvre, un médicament, le paracétamol, sous ses différentes formes (sachet, suppositoire, sirop), en alternance (s'il ne suffit pas à « couvrir » les vingt-quatre heures) avec de l'ibuprofène. La durée d'action du paracétamol n'est en effet que de trois à quatre heures, celle de l'ibuprofène de cinq à six heures et pour couvrir les vingt-quatre heures sans donner trop de paracétamol, les deux molécules[4] sont utiles (attention, l'ibuprofène doit toutefois être proscrit en cas de suspicion de varicelle ou de grippe). Jamais d'aspirine en tout cas. On accélère la défervescence thermique en déshabillant l'enfant et éventuellement, à condition qu'il en ait du plaisir, ou du moins pas de déplaisir, en le mettant dans un bain (à 2 °C

4. Pour le paracétamol : sous la forme de suspension buvable, poudres à reconstituer ou prêtes à l'emploi. À raison de 60 mg/kg/jour, en quatre prises espacées de six heures, soit 15 mg/kg à chaque prise ou 10 mg/kg toutes les quatre heures. Pour l'ibuprofène : 20 à 30 mg/kg/jour en trois ou quatre prises espacées de six à huit heures.

en dessous de sa fièvre) et en lui offrant des boissons fraîches. Pour refroidir plus précisément le cerveau, qui est l'organe le plus sensible aux excès de température, on peut brumiser, ventiler le visage ou lui appliquer un linge humide sur le front.

Quand consulter ?

Au plus vite si des petites taches rouges apparaissent sur sa peau. De façon moins urgente, dans la journée, lorsque la fièvre ne « descend » pas en dépit des antifièvre pris à la dose adéquate. Ou si elle est visiblement mal supportée : la peau est sèche, les muqueuses aussi, le cœur bat trop vite (au-delà de 150 pulsations par minute), ou si l'enfant est prostré, craint la lumière, a une très forte douleur à la tête qui ne disparaît pas avec l'antalgique. Ces signes peuvent trahir une réaction méningée soit à la fièvre, soit à l'infection (virale habituellement). On consultera également si la fièvre ne décroche pas après quarante-huit heures. Et ce, d'autant plus systématiquement que l'enfant est plus jeune (quelques jours de vie) : il pourrait faire une de ces infections néonatales graves, liées à la grossesse ou à l'accouchement, qui se déclenchent parfois maintenant à la maison, puisque sauf exception, les mamans ne restent que deux ou trois jours à la maternité.

Il pleure

Il est inconsolable… C'est sans doute qu'il a mal ou qu'il se sent inconfortable. Toute la difficulté est de savoir où se situe le problème !

Facile s'il se tient l'oreille. Les pleurs de l'otite sont d'ailleurs si caractéristiques que le médecin les reconnaît, en fond sonore, au téléphone ! L'enfant pleure sur un mode continu puis, épuisé, s'assoupit et se réveille en pleurant. Autre indice d'otite, un rhume qui traîne : les muqueuses du nez et de l'oreille communiquent, et si l'une est enflammée, l'autre le devient très rapidement. Lui donner une mesure de paracétamol ne lui fera pas de mal. Laver son nez à intervalles très réguliers non plus, pour limiter la pression exercée sur l'oreille.

Quand consulter ?

En urgence si vous n'arrivez pas à le consoler et que les antidouleurs paraissent inefficaces. Le médecin voit l'otite, juge de l'intérêt d'un traitement par des antibiotiques (pas automatiques), soigne le rhume et conseille un antalgique plus adapté, en gouttes à instiller localement par exemple.

Il a du mal à respirer

Reconnaissable à la voix, très rauque, la laryngite : entre deux pleurs, il cherche désespérément sa respiration. Câlinez-le pour le calmer, les cris amplifiant la gêne respiratoire. Et mettez-le dans la salle de bains, en atmosphère rendue humide (par des robinets d'eau bouillante ouverts).

Quand consulter ?

En urgence si vous n'avez pas sous la main de corticoïdes, en pschitt ou en gouttes (donnés par exemple à l'occasion d'une précédente crise). Après un conseil médical téléphonique, pour le diagnostic (le téléphone amplifie le bruit entendu à chaque inspiration) et pour la dose de médicament à administrer. En une heure, le problème des difficultés respiratoires est en principe réglé avec ce médicament. Il s'agit dans la plupart des cas d'une infection d'origine virale depuis la vaccination contre la bactérie haemophilus. L'hospitalisation immédiate est toutefois indispensable si la laryngite ne disparaît pas rapidement avec le corticoïde.

Second motif d'hospitalisation en urgence, la bronchiolite lorsqu'elle survient chez un tout-petit, avant 6 semaines, surtout s'il est né prématuré. La fièvre est à peine élevée, mais les sécrétions encombrent, voire bouchent l'arbre respiratoire, empêchant l'air de circuler. Et comme il est enrhumé, il ne peut plus téter.

On peut faciliter l'arrivée de l'air en lavant le nez au sérum physiologique, en particulier avant chaque repas (moins copieux). Il est conseillé de lui donner à boire en petites quantités, très régulièrement. Et de surveiller la coloration de sa peau ou de ses lèvres : supporte-t-il bien ce manque d'air (et donc d'oxygène) ?

Enfin s'il tousse « sec » à s'étouffer, cela pourrait être une coqueluche : s'il n'a pas reçu au moins les deux premières injections de vaccin anticoquelucheux, il n'est qu'en partie protégé contre ce microbe. Il peut par conséquent l'« attraper » de ses frères ou sœurs plus âgés ou de ses parents, dont les anticorps anticoquelucheux sont à la peine, leur vaccination étant ancienne.

Quand consulter ?
Toujours, en urgence. Et l'hospitalisation est souvent recommandée, pour surveiller l'enfant et ses quintes asphyxiantes.

Il vomit et/ou a mal au ventre

Une seule fois en jet ? Il peut s'agir du premier signe d'une angine ou, curieusement, d'une otite. Ou encore d'une appendicite. Le vomissement est alors rarement isolé. Il a eu mal au ventre à plusieurs reprises. Et on a pensé qu'il avait des vers ; il a même été traité pour cela. Mais là, la douleur est permanente et semble « rivée » à droite. Un geste et un seul, prendre sa température, puis vérifier que le fait de faire pipi ne le brûle pas (la douleur au ventre peut être identique) et qu'il est bien récemment allé à la selle.

Quand consulter ?

Le jour même, si la douleur persiste et si la fièvre atteint 38 °C. L'appendicite est un vrai piège (à médecin) : elle est soit sans gravité (et les antibiotiques alors essayés en première intention), soit d'emblée compliquée (l'appendice se nécrose et l'enveloppe de l'intestin peut s'infecter rapidement, à l'origine de la fameuse péritonite). C'est avec une prise de sang (en comptant les globules blancs, marqueurs de l'infection), une analyse d'urine et l'imagerie que le médecin peut formellement écarter l'hypothèse d'une appendicite.

S'il a vomi plusieurs fois, la gastro-entérite est presque certaine. Surtout si c'est l'hécatombe à la crèche ou à l'école maternelle. Selon le virus en circulation, elle est caractérisée par plus ou moins de fièvre, de vomissements, de diarrhées et/ou de maux de ventre.

Une « gastro » n'est pas grave si l'on a pris quelques précautions, notamment quand l'enfant a moins de 5 ans : le peser pour avoir un poids de référence si elle s'éternise. Surveiller sa température et lui proposer un soluté de réhydratation orale (SRO), à donner par 50 ml (rafraîchis en cas de nausées), tous les quarts d'heure, sans attendre qu'il manifeste sa soif. S'il refuse de boire, c'est qu'il n'a pas soif et qu'il n'est donc pas déshydraté, puisque la soif (chez l'enfant) est le premier signe d'une déshydratation.

On redonne des repas normaux après douze heures, et, entre deux, on propose le SRO. Le principal risque d'une gastro-entérite aiguë (nausées et/ou vomissements) est en effet la déshydratation, majorée par une éventuelle fièvre.

Quand consulter ?

La « gastro » guérit spontanément en trois à quatre jours. Mais si les signes ne disparaissent pas (il vomit à chaque gorgée, il a plus d'une diarrhée toutes les quatre heures, etc.), on voit avec le médecin s'il n'a pas perdu trop d'eau (10 % de son poids).

Avant 5 ans, un enfant peut se déshydrater très vite, en quelques heures pour les nourrissons. Aussi, une sécheresse de la bouche, une agitation puis une torpeur, la disparition des larmes, la diminution du volume urinaire, une respiration rapide et profonde, des troubles de la conscience et du tonus, un pli cutané sont autant de motifs d'hospitalisation immédiate.

5/ PETIT ABÉCÉDAIRE DES EXAMENS BIOLOGIQUES

Remarque préalable, ces examens sont des outils et ne sont que des outils. Leurs résultats doivent donc être pris avec des pincettes et interprétés par le pédiatre ou le généraliste qui les a demandés. C'est davantage sur l'examen clinique, l'observation de bébé et l'interrogatoire, à la fois des parents et de l'enfant quand il est en âge de s'exprimer que le médecin peut faire son diagnostic, qu'il conforte ensuite éventuellement avec des explorations complémentaires, des analyses biologiques au premier chef. Voici donc un échantillon des analyses les plus classiquement prescrites. Elles sont généralement faisables dans le laboratoire le plus proche de chez vous.

Allergie. Voir IgE totales, Phadiatop.

Bandelettes urinaires. Le médecin peut, à son cabinet ou au chevet de son jeune patient, en cas de fièvre mal comprise, sans véritable signe urinaire, mettre une bandelette dans les urines à la recherche de sucre, d'albumine (présente en cas de dysfonctionnement rénal, rare), de globules rouges (colique néphrétique...) ou surtout de globules blancs et de nitrites (qui signent une infection urinaire). À compléter éventuellement avec un examen cytobactériologique des urines (ECBU).

Bilirubine. Une élévation de la bilirubine dans le sang traduit une souffrance du foie ou une destruction des globules rouges. Elle se voit en période néonatale (en cas d'incompatibilité fœto-maternelle), dans les hépatites ou lors d'une infection bactérienne ou virale. Le taux de bilirubine permet de confirmer, d'évaluer et de suivre l'ictère (la jaunisse révélatrice du problème de foie).

CRP. Une augmentation de la protéine C réactive exprime une réaction de l'organisme contre une agression, le plus souvent infectieuse (et plus volontiers bactérienne). C'est un examen important pour « débrouiller ».

ECBU. Examen cytobactériologique des urines. Le biologiste en examine l'aspect, puis compte les globules blancs et rouges. Il recherche des germes et les met en culture. Normalement, l'urine de l'enfant est stérile et ne contient pas de leucocytes ou d'hématies. La présence simultanée d'une leucocyturie (globules blancs dans l'urine) élevée et de germes à haute concentration signe une infection urinaire, dont le traitement est guidé par l'analyse des sensibilités et résistances du germe aux principaux antibiotiques (l'antibiogramme).

Électrophorèse de l'hémoglobine. Dans les cas d'anémie, elle permet de repérer une hémoglobine anormale, comme pour la drépanocytose (une maladie qui sévit en Afrique et sur le pourtour méditerranéen). Les globules rouges sont alors en forme de faucilles. Cet examen peut confirmer une autre maladie du sang, une thalassémie (plutôt pour les enfants originaires d'Asie du Sud-Est).

Ferritine et fer sanguin. Évalue le stock de fer de l'organisme, la ferritine étant la protéine porteuse du fer. Ils peuvent être diminués ou augmentés selon les différentes sortes d'anémie.

Glycémie à jeun. Dosage du glucose (sucre) dans le sang au moins douze heures après un repas. Elle est demandée pour écarter une hypoglycémie quand l'enfant fait des convulsions ou est dans le coma. Ou mettre en évidence une hyperglycémie qui trahit un diabète, s'il boit et urine beaucoup.

Glycosurie. On recherche du sucre, mais aussi de l'acétone dans les urines pour dépister un diabète de type 1 à ce jeune âge, et donc un diabète insulinodépendant.

GOT, GPT, les transaminases. Leur augmentation oriente vers une destruction des cellules du foie, notamment lors des hépatites virales. Dans ces cas, les taux peuvent atteindre 10 à 100 fois la normale.

Hématies ou **globules rouges sanguins (GR).** Ce sont les cellules de transport de l'oxygène des poumons aux tissus. Une augmentation ou une diminution de leur nombre est interprétée en fonction de leur taille et de leur concentration en hémoglobine. Une trop grande quantité de GR dans le sang traduit souvent une anomalie de l'hémoglobine (thalassémie...). Une trop faible quantité de GR peut provenir d'un manque en fer, d'une hémorragie ou d'une destruction excessive.

Hémoculture. À partir de 38,5 °C, du sang peut être prélevé pour une NFS (voir plus loin) et des hémocultures. Cet examen est le moyen d'identifier la bactérie à l'origine de l'infection.

Hémoglobine. Protéine de transport de l'oxygène dans les GR (grâce au fer). Cet examen est l'un des plus demandés. Le taux d'hémoglobine est élevé à la naissance, puis se stabilise vers 12-15 g/100 ml. Toute diminution de l'hémoglobine (anémie) en fait rechercher la cause, souvent chez l'enfant un manque de fer ou lorsqu'il y a un défaut de la structure de l'hémoglobine.

IgE. Dans le sang, une élévation des immunoglobulines E totales, examen de « débrouillage », le plus simple pour repérer une allergie.

Ionogramme sanguin. Il comporte le dosage du sodium, du potassium et du chlore. Une perturbation de la valeur de ces ions peut se voir en cas de forte diarrhée, de vomissements abondants, de déshydratation (la perte de poids est alors brutale) ou en cas d'œdèmes.

Leucocytes dans NFS, globules blancs sanguins. Cellules de défense du corps humain vis-à-vis d'agents extérieurs. Il en existe plusieurs sortes (les polynucléaires neutrophiles, éosinophiles, ou basophiles, les lymphocytes et les monocytes), qui sont systématiquement décomptées par le laboratoire. Leur quantité, globale et par classe de leucocytes, varie avec l'âge de l'enfant. Le tout petit enfant a un taux de leucocytes élevé et beaucoup plus de lymphocytes que de neutrophiles, rapport qui s'inverse avec l'âge. Une augmentation des polynucléaires neutrophiles traduit une infection, le plus souvent bactérienne. Une augmentation des lymphocytes se voit dans les infections virales, et des éosinophiles dans les infections parasitaires intestinales.

NFS. Numération formule sanguine. En tête des analyses les plus souvent demandées, cet examen de « débrouillage » des situations d'anémie ou d'infections comporte le comptage dans le sang des globules blancs (GB, leucocytes), des globules rouges (GR, hématies) et des plaquettes, la mesure de l'hémoglobine, du volume globulaire moyen (VGM) et de l'hématocrite ainsi que le calcul de deux paramètres, la teneur et la concentration moyenne en hémoglobine des GR (TCMH et CCMH).

Phadiatop. Test « grossier » d'allergie. Lorsqu'il est positif, on recherche l'origine de l'allergie par des tests précis. Négatif, il permet d'éliminer les allergies les plus fréquentes.

Plaquettes, dans NFS. Cellules participant à la coagulation du sang. Une augmentation peut être contemporaine d'une inflammation. Une diminution doit toujours être contrôlée sur une nouvelle prise de sang.

Réticulocytes. Leur taux traduit la capacité de renouvellement des globules rouges par la moelle.

Scotch test. On prélève d'éventuels œufs d'oxyure, un parasite fréquent en France, plutôt en fin de nuit, à l'aide d'un scotch appliqué sur le pourtour de l'anus de l'enfant, par exemple une petite fille dont la vulve est enflammée.

Sérologies. On peut doser, par deux prélèvements à deux à trois semaines d'intervalle, des anticorps qui circulent dans le sang, dirigés contre telle ou telle maladie. Des sérologies positives sont une preuve de ce que le virus a séjourné un temps dans le corps, comme celui de la mononucléose, le cytomégalovirus, celui des hépatites... Les marqueurs sériques des virus des différentes hépatites sont recherchés en fonction du statut de la mère vis-à-vis de ces infections, d'une atteinte biologique du foie, du contexte de vie ou d'une vaccination.

Test de diagnostic rapide des angines (TDR). Il permet de rechercher dans la gorge spécifiquement le streptocoque βhémolytique, qui est quasi le seul germe en cas d'angine à « mériter » des antibiotiques. Réalisé en cinq à six minutes après prélèvement, sur les zones enflammées, directement au lit de l'enfant, il est rapide et fiable.

VS, vitesse de sédimentation (< 10 à la 1re heure, < 15 à la 2e). Ce test global d'exploration de l'inflammation sanguine ou d'une infection chronique est aujourd'hui délaissé au profit du dosage de la CRP (voir précédemment).

6/ LA PHARMACIE MAISON

- Des sparadraps qui se détachent facilement sans laisser de colle qui oblige à une application sauvage, peu respectueuse de la peau tendre de bébé, d'acétone…
- Un produit qui fait froid (bande 3M) pour tous les traumatismes, petits et plus grands.
- Des produits pour laver le nez (à base d'eau de mer).
- Un soluté de réhydratation orale (SRO), pour contrer le risque de déshydratation liée à une gastro-entérite.
- Des antalgiques à prendre par la bouche, du paracétamol, de l'arnica en granules homéopathiques (9 CH) et en crème ou gel.
- Une crème « pansement », pour les écorchures, fissures, gerçures, dartres, etc.
- Un liniment oléo-calcaire, qui allie huile d'olive vierge et hydroxyde d'aluminium, un lait de toilette sans rinçage nettoyant et protecteur.
- Un flacon d'un antiseptique de référence, la chlorhexidine.
- Du sérum physiologique en dosettes, en particulier pour laver ses yeux et son nez.
- Camilia de Boiron, des dosettes homéopathiques pour accompagner les poussées dentaires.

7/ LES 14 FAMILLES DE PRODUITS OU D'ALIMENTS POSSIBLEMENT ALLERGÉNIQUES À ÉTIQUETAGE OBLIGATOIRE

Il s'agit ici d'allergènes « notoires », c'est-à-dire susceptibles de provoquer des réactions sévères, fréquentes et prouvées selon la réglementation. S'ils sont présents dans une préparation, ils doivent obligatoirement figurer sur la liste des ingrédients, en étant mis en évidence (caractères gras, par exemple). Sachant que l'ordre d'apparition des aliments est fonction de leur quantité dans le produit fini. Autrement dit, si l'aliment cité est en queue de liste, c'est que le produit fini en contient une faible quantité.

- **Céréales contenant du gluten** (blé, seigle, orge, avoine, épeautre, kamut ou leurs souches hybridées) et produits à base de ces céréales.
- **Soja** et produits à base de soja.
- **Crustacés** et produits à base de crustacés.
- **Œufs** et produits à base d'œufs.
- **Poissons** et produits à base de poissons.
- **Arachides** et produits à base d'arachides.
- **Mollusques** et produits à base de mollusques.
- **Lait** et produits à base de lait (y compris le lactose).
- **Fruits à coque**, à savoir amandes, noisettes, noix, noix de cajou, noix de pécan, noix du Brésil, pistaches, noix de macadamia et noix du Queensland, et produits à base de ces fruits.
- **Céleri** et produits à base de céleri.
- **Moutarde** et produits à base de moutarde.
- **Graines de sésame** et produits à base de graines de sésame.
- **Anhydride sulfureux** et **sulfites** en concentrations de plus de 10 mg/kg ou 10 mg/litre exprimées en SO_2.
- **Lupin** et produits à base de lupin.

2 EXEMPLES DE MENUS À PARTIR DE 6 MOIS		
LE MATIN	**1ER EXEMPLE**	**2E EXEMPLE**
Apport lacté	• Lait maternel ou biberon de 240 ml (8 mesures) de lait 2e âge ou 250 ml de lait 2e âge liquide. Cette ration peut être adaptée selon l'appétit de l'enfant.	• Lait maternel ou biberon de 240 ml (8 mesures) de lait 2e âge ou 250 ml de lait 2e âge liquide. Cette ration peut être adaptée selon l'appétit de l'enfant.
À MIDI		
Repas mixé à la cuillère (ou biberon si l'enfant préfère) : légumes + viande + dessert	• Purée de légumes « maison » (sans adjonction de sel) + noisette de beurre (au biberon ou à la cuillère). • Viande ou poisson mixé : 10 g/j (2 cuillères à café) ou 1/4 d'œuf dur (jaune et blanc). • Fruit cuit (compote maison ou petit pot) (sans obligation de terminer le pot).	• « Petit pot » de légumes-viande ou légumes-poisson (sans obligation de terminer le pot). • Laitage : yaourt, fromage blanc… (de préférence laitages « destinés aux enfants en bas âge » car leur teneur en protéines est réduite et ils sont enrichis en fer, acides gras essentiels et vitamines).
À 16 HEURES		
Apport lacté + produit céréalier éventuellement + fruit	• Laitage : yaourt, fromage blanc… • Compote (maison ou petit pot) dans le biberon ou à la cuillère.	• Lait maternel ou biberon de 240 ml (8 mesures) de lait 2e âge ou 250 ml de lait 2e âge liquide avec éventuellement, 1 cuillère à soupe de « farine infantile ». • Fruit cru (banane mixée) à la cuillère.
LE SOIR		
Apport lacté + fruit et/ou légumes	• Lait maternel ou biberon de 240 ml (8 mesures) de lait 2e âge ou 250 ml de lait 2e âge liquide. • + compote éventuellement.	• Biberon de soupe (+ 1 cuillère à café d'huile). • Laitage : yaourt, fromage blanc…

Source : *Le guide nutrition des enfants et ados pour tous les parents*, Programme national Nutrition Santé/Anses, 2015. Le guide complet est téléchargeable en suivant le lien : http://inpes.santepubliquefrance.fr/CFESBases/catalogue/detaildoc.asp?numfiche=688

BIBLIOGRAPHIE

- *Guide de la jeune mère*, Pr P. Lereboullet, Édition sociale française. Nombreuses éditions disponibles d'occasion, datant des années 1940. Une curiosité, pour voir comment on faisait « avant » !
- *Journal d'un bébé*, Daniel N. Stern, Odile Jacob, 2012.
- *Ce nouveau-né qui est en nous – Ses perceptions, ses actions, ses intuitions*, Arlette Streri, Hermann, 2017.
- *Peur du noir, monstres et cauchemars* : comment rassurer votre enfant, Lyliane Nemet-Pier et Françoise Devillers, Albin Michel, 2009.
- *Tu ne laisseras point pleurer*, Dr Haïm Cohen, Stock, 2006.
- *L'Arbre enfant – Une nouvelle approche du développement de l'enfant*, Pr Hubert Montagner, Odile Jacob, 2006.
- *Réponses à toutes les questions que vous vous posez sur l'alimentation de votre enfant*, Pr Patrick Tounian, Odile Jacob, 2014.
- *Je ne sais pas utiliser les huiles essentielles, spécial enfant*, Danièle Festy, Leduc.s, 2013.
- *Le Grand Livre de mon enfant*, sous la direction du Dr Jean-Louis Chabernaud et de Carole Bellemin-Noël, avec le Conseil national professionnel de pédiatrie, Eyrolles, 2016.
- *Bébés kangourous. Materner autrement*, Dr Nathalie Charpak, Odile Jacob, 2005.

- *Immunisés ? Un nouveau regard sur les vaccins*, Lise Barnéoud, Premier Parallèle, 2017.
- *Je vais me faire opérer des amygdales ou des végétations*, livret de l'Association Sparadrap pour démystifier l'intervention. Disponible au 48, rue de la Plaine, 75020 Paris. Tél. 01 43 48 11 80 ou sur le site www.sparadrap.org en suivant le lien :
- https://www.sparadrap.org/Catalogue/Tout-le-catalogue/Lot-masque-d-anesthesie-guide-Je-vais-me-faire-operer-des-amygdales-ou-des-vegetations-Ref.P12-L01

WEBOGRAPHIE

- **www.alloparentsbebe.org.** L'association Enfance & Partage met à la disposition des parents (de la grossesse jusqu'aux 3 ans de l'enfant) un numéro vert d'écoute, du lundi au vendredi, de 10 h à 20 h. Allo Parents Bébé, tél. 0 800 00 34 56.
- **http://www.ameli.fr/assures/droits-et-demarches/par-situation-personnelle/vous-allez-avoir-un-enfant/vous-etes-enceinte-votre-grossesse/un-accompagnement-a-domicile-apres-l-accouchement.php.** Proposé par l'Assurance maladie, un service d'accompagnement personnalisé, par une sage-femme, dès la sortie de maternité, jusqu'au 12e jour après la naissance.
- **www.anses.fr**, site de l'Agence nationale de sécurité sanitaire de l'alimentation, de l'environnement et du travail.
- **www.asthme-allergies.org**, pour télécharger la brochure *Les allergies alimentaires*.

- **www.atelierdufuturpapa.com** et **www.caf.fr/ma-caf/caf-de-paris/actualites/annee/2016/la-caf-de-paris-propose-des-ateliers-a-l-attention-des-futurs-peres-et-des-jeunes-papas**, une initiation gratuite par le fondateur de l'Atelier du futur papa.
- **www.hemangiome.com**, pour en savoir plus sur les hémangiomes infantiles.
- **www.infovac.fr**. Site d'information sur les vaccins.
- **http://invs.santepubliquefrance.fr/Publications-et-outils/BEH-Bulletin-epidemiologique-hebdomadaire/Archives/2017/BEH-hors-serie-Recommandations-sanitaires-pour-les-voyageurs-2017**. Pour les précautions en voyage.
- **www.laits.fr**, un site élaboré par les pédiatres libéraux de l'Association française de pédiatrie ambulatoire (AFPA). On y trouve des informations libres de tout lien d'intérêt sur les différents fabricants de laits infantiles.
- **www.Mpedia.fr**, le site de conseils pour les parents par les médecins spécialistes de l'enfant.
- **www.osteopathe-syndicat.fr et www.osteos.net**, pour trouver un ostéopathe dûment formé.
- **www.santepubliquefrance.fr**. Pour la prévention des maladies et l'éducation à la santé, dépliants et guides à disposition (accidents domestiques, allaitement, nutrition, etc.).
- **https://www.slow-cosmetique.com/blogwp/wp-content/uploads/2015/10/CHECK-LIST-SHOPPING-SLOW.pdf.** Pour choisir les cosmétiques les plus inoffensifs.
- **www.sparadrap.asso.fr**. Pour guider les enfants dans le monde de la santé (anesthésie, prise en compte de la douleur, etc.).

Achevé d'imprimer en février 2018
sur les presses de la Nouvelle Imprimerie Laballery
58500 Clamecy
Dépôt légal : février 2018
N° d'impression : 801287

Imprimé en France

La Nouvelle Imprimerie Laballery est titulaire de la marque Imprim'Vert®